ERSTE HILFE BEI ESSSTÖRUNGEN

Ein Verbandskasten für psychische Selbsthilfe

MAG.A (FH) BERNADETTE BRUCKNER (HRSG.)

Wir sind für

Powered by Pure Green Cosmetics Austria

Unterstützung bei Texten: Christina Waist

Interior Design by Junaid Saif (c8v_logos from Fiverr)

Covergestaltung: sternloscreative – Monika Stern

Bildrecht Cover: © Adobe Stock 253732986 (erweiterte Lizenz) | Freepik (Premium Lizenz)

Verlag & Druck: tredition GmbH, Halenreie 40-44, 22359 Hamburg

ISBN Druck - 978-3-347-36939-9

ISBN (Hardcover) - 978-3-347-36940-5

ISBN (e-Book) - 978-3-347-36941-2

Für alle, die ihrem Körper nichts Gutes tun, ihm weh tun oder ihn hassen!

Für alle, die gegen sich und ihren Körper vorgehen – durch Essen.

Ein Buch von ehemaligen Betroffenen, die für sich ihren Weg aus der Essstörung gefunden haben.

Unser Körper ist ein Geschenk.

Ein Geschenk, das wir annehmen und lieben dürfen!

Für immer! Egal welches Alter!

Die Tipps in diesem Buch wurden von den AutorInnen sorgfältig ausgewählt und in der Praxis getestet. Es kann jedoch keine Garantie für ihre Wirksamkeit im individuellen Einzelfall übernommen werden. Wir möchten auch gerne hinweisen, dass bei Essstörungen professionelle Hilfe essentiell ist und es fachlich gut ausgebildete SpezialistInnen gibt. Bitte diese aufsuchen! Wir geben nur erste Hilfe Methoden aus unserer Geschichte.

Folglich ist eine Haftung des Autorenteams und des Verlages für Personen-, Sach- oder Vermögensschäden ausgeschlossen.

INHALTSVERZEICHNIS

ÜBER DIESES BUCH

„Ich könnte nur kotzen!“ Wenn Nahrungsaufnahme zur Qual wird, dann stimmt etwas nicht. Doch für sich nachfragen, um was es wirklich geht, tun die wenigsten. Eine Herausforderung bei der Nahrungsaufnahme ist IMMER auf der emotionalen, seelischen Ebene begründet. Der Körper UND die Seele schreien – und sie schreien nach etwas anderem als Essen.

„Lerne zu erkennen, nach was der Körper hungert und nach was deine Seele verlangt.“ Bernadette

Dein Zwiespalt von Körper, Seele und Gedanken können Mitauslöser von Essensherausforderungen sein. Du beginnst Verhaltensweisen zu äußern, die vielleicht deinen Körper nicht guttun.

Was lässt dich das machen?

Was kannst du nicht verarbeiten, was du mit Ernährung kompensierst? Was kannst du nicht aussagen was du mit der ernährung ausspucken musstest? Was kannst du nicht verdauen, was dein Magen und dein Hals dir jedoch sagen möchten?

Herausgeberin Bernadette Bruckner, international bekannt als intuitive, ganzheitliche Gesundheits-Managerin, hat sich mit ehemals Betroffenen einer Essstörung zusammengetan, um dieses „Erste Hilfe - Buch“, mit vielen Methoden zur Selbsthilfe zusammenzustellen; zum Merken, „Mitnehmen“ und sofortigen Anwenden.

Die Methoden sind entstanden durch die Zusammenarbeit mit anderen, die Essensherausforderungen haben!

Weitere „Erste Hilfe für …"-Titel:

- für die Seele.
- für Mutter Erde.
- fürs Lernen.
- für Mütter & Schwangere.
- für Eltern & Kinder.
- für Trauernde und Menschen, die Verluste erlitten haben.

AM ANFANG WAR ...
DIE VERLETZUNG IM INNEREN!

„Bewerte, abwerte und verurteile NIEMANDEN,
bevor du nicht in seinen Schuhen gegangen bist." Bernadette

Bevor du über jemanden urteilst, geh erst ein paar Schritte in seinen Schuhen ist eine bekannte Weisheit. Denn jeder leidet im Laufe seines Lebens einmal unter einem gestörten Essverhalten. Der eine stärker, der andere schwächer. Es unterscheiden sich lediglich Dauer und Intensität. Das liegt daran, dass es für uns Menschen normal ist, Nahrung mit Gefühlen und Emotionen zu verbinden. Wir überleben, weil wir als Baby die Muttermilch getrunken haben. Essen ist Überleben!

Eine Essstörung ist aus meiner Sicht eine nach innen gerichteter Selbstzerstörung. Und doch sind die Auslöser im Außen zu finden. Wir essen, weil wir mit der Außenwelt nicht umgehen können. Wenn wir aber diesen Auslöser erkannt haben, der uns zum ungesunden Verhalten gebracht hat, können wir auch wieder zu einem gesünderen Essverhalten zurückkehren.

Uns fehlen allerdings oft die nötige Herangehensweise bzw. die passenden Methoden, um mit der Situation umzugehen und uns selber aus ihr heraus zu helfen oder professionelle Hilfe in Anspruch zu nehmen!

Nahrung ist Leben. Um zu überleben, müssen wir essen. Doch Essen an sich macht noch lange nicht lebendig. Denn Nahrungsmittel können uns auch träge und schlapp machen, manche können sogar richtig gefährlich sein. Aber du hast ein Alarmsystem in deinem Körper. Denn dein Verdauungssystem zeigt dir ganz genau, welche Lebensmittel gut für dich sind, von welchen du wenig essen solltest und welche für dich nicht geeignet sind. Dein Darm fungiert innerhalb deines Körpers ebenso wie deine Haut außen: du erkennst, was gut für dich ist und was nicht.

...und manchmal erkennen wir das nicht mehr, da unser Körperbild „verrutscht" ist.

Im Zuge dieser Buchserie haben wir Menschen, die sich aus ihrer Essstörung heraus entwickelt haben, nach ihren einfachsten Notfalltechniken gefragt und sie in knapper Form zusammengefasst.

Aus der Praxis FÜR die Praxis! Wir wünschen dir einen leichteren Umgang mit der Essherausforderungen mit dem Verbandskasten für Notfälle!

Eure

Bernadette Bruckner
BE SIMPLY ME

MEIN PLÄDOYER FÜR MEINEN KÖRPER SARA, DER MEIN TEMPEL DES WOHLFÜHLENS SEIN DARF

„Dein Körper liebt dich.
Bedingungslos!
Gib ihm/ihr die Liebe retour,
die dein Körper verdient!
Bedingungslos!“
Bernadette

„Liebe Bernadette, bitte höre mehr auf Sara. Sie hat dir viel zu erzählen, etwa wie du mit ihrem Körper umgehen solltest. Wie du schon erkannt hast, lässt sie es dir sagen, wenn es zu viel wird und du wieder mal unsichtig mit ihr umgehst. Erkenne doch, dass Sara dein „Tempel“, deine Weggefährtin ist. Tue das, weswegen du hier bist. Wir haben dir eine Auszeit gegeben, um dich zu schonen - du machst zu viel und verausgabst dich, das tut Sara nicht gut. Erkenne doch, dass ihre Liebe zu dir ein Geschenk ist und wir dir zeigen möchten, wie du mit diesem Geschenk, deinem Tempel, umgehen solltest, um das zu tun, was dir Freude bereitet. Dein Wunsch hier auf Erden zu bleiben wurde erhört und doch möchtest du deinen Körper weder schonen noch nähren. Was möchtest du? Was möchte Sara? "

GEDANKENIMPULSE

Erkenne ihre Liebe in dir und fühle sie, ohne sie zerstören zu wollen. Dein Drang nach Perfektion ist so groß, dass es Sara nicht gut tut. Erkenne, dass es gut ist, schönes zu leben und zu genießen!

Genieße deinen Körper und er wird dich genießen. Genieße das, was du zu dir nimmst und es wird dich genießen.

Liebe dich. Lebe deinen Körper und genieße die Zeit, die du auf der Welt hast. Erlernen wieder DICH, Deinen Körper Sara wahrzunehmen, zu spüren, wo die Grenzen der Zufuhr sind. Ob in Form von Nahrung, Menschen und Gefühlen.

Denn DU bist DU!

Einfach DU.

Nichts anderes zählt!

Nichts anderes ist wichtig!"

Dein Körper hat ein ICH, einen Namen, einen Wert! Sara, dein Körper

Intuitives Schreiben, März 2016

DAS GESICHT DER KRANKHEIT

Bernadette Bruckner
in Zusammenarbeit mit

Dr. Harry Merl

DIE ESSSTÖRUNG HAT VIELE GESICHTER

„Die Liebe ist das oberste Heilmittel."
Dr. Harry Merl

Krankheiten haben viele Gesichter: Wut, Trauer, Angst, Unzufriedenheit, Hoffnungslosigkeit, ... Doch wenn wir erkannt haben, welches Gesicht uns mit der Krankheit gezeigt wird, kann Veränderung passieren, im Innen wie im Außen.

Während wir Krankheiten meist abstreiten, bleiben diese dennoch bestehen. In den meisten Fällen werden sie sogar noch intensiver. Stärker, damit wir sie endlich sehen und wahrnehmen, dass etwas nicht stimmt.

Erst, wenn wir bereit sind, eine Krankheit wahrzunehmen, sie anzuerkennen und anzunehmen, können wir eine Lösung finden.

Hierzu habe ich gemeinsam mit Dr. Harry Merl einige Inspirationen und Fragen erstellt.

WENN DIE KRANKHEIT EIN GESICHT HÄTTE, WIE WÜRDE DAS AUSSEHEN?

Wenn du der Essstörung ein Gesicht malen könntest, wie würde sie aussehen? Male das Bild hier:

Sieht das Gesicht immer gleich aus? Sieht die Essstörung für dich immer gleich aus? Was verändert sich? Was ist anders? Was bleibt gleich?

WIE VIELE GESICHTER HAT DEINE KRANKHEIT?

Male alle Gesichter deiner Essstörung auf:

Welche Farben, Formen haben die Gesichter? An wen oder was erinnern dich die Gesichter?

RAUM DER KRANKHEIT / RAUM DER HEILUNG (INSPIRATION VON H.MERL)

Es gibt Orte (Räume oder Plätze), an denen du dich wohlfühlst. Und es gibt Orte, an denen du dich übergeben, Essen in dich hineinstopfen, dich hassen und einfach nur schreien könntest – Orte, an denen du dich einfach unwohl fühlst.

Achte in deinem Alltag darauf, an welchen Plätzen du dich wohl fühlst und an welchen du ein ungesundes Essensverhaltens aufzeigst. Werde dir dieser Plätze bewusst.

Was nimmst du wahr? Was fühlt sich gleich an, was ist unterschiedlich - für dich und deinen Körper?

Konzentriere Dich nun auf die Räume, in denen du dich WOHLFÜHLST. Plätze, dir in dir ein positives Gefühl hervorrufen, an denen dich in deinem Körper wohlfühlst, du lachen kannst und du glücklich bist.

DER KRANKHEIT FRAGEN STELLEN

Wenn du bereit bist, die Krankheit anzuerkennen und anzunehmen, dann können wir der Krankheit einerseits ein Gesicht geben und andererseits können wir sie ansprechen und Fragen stellen. Denn die Krankheit ist ein Teil von dir und deinem Körper.

Schritt 1: Krankheit fühlen
Stelle einen Stuhl in einem Raum auf, in dem du dich wohlfühlst. Dieser Stuhl symbolisiert deine Krankheit. Wenn du bereit bist, dann setze dich auf den Stuhl und „fühle" wie sich die Krankheit anfühlt.

Schritt 2: Hab Vertrauen in deine Wahrnehmung.

Schritt 3: Stelle deiner Krankheit nun Fragen und konzentriere dich dabei voll und ganz auf deine Emotionen – in Form von Gefühlen, Bildern, Worten, alles ist richtig! Vertraue dir und deiner Wahrnehmung.

Folgende Fragen können dir als Inspiration dienen – du kannst aber alles Fragen, was du möchtest:

FRAGEN AN DEINE ESSSTÖRUNG

Wer hat Interesse daran, dass du isst?
Wer hat kein oder wenig Interesse daran, dass du isst?

Wer versteht am besten, dass du isst?
Wer versteht am wenigsten, dass du (nicht) isst?

Mag dein Körper das, was du isst?
Schmeckt dir, was du isst?
Tut dir gut, was und wieviel du isst?

Wer hat einen Nutzen, dass du die Krankheit hast?
Was ist das Gute an deiner Krankheit?

Wer bist DU ohne diese Krankheit?

Bist DU bereit die Krankheit zu Umarmen? Zu begrüßen? Als FreundIn?

DIE ESSSTÖRUNG IST VERSCHWUNDEN

Meine Frage an Dich:

Was würde passieren, wenn deine Essstörung plötzlich nicht mehr vorhanden wäre?

Wer würde sich freuen?
Wer würde sich nicht freuen?

Wie würde dein Leben ohne Essstörung aussehen?
Was würde deine nähere Umgebung dazu sagen, wenn die Essstörung plötzlich nicht mehr da wäre?
Wie würde deine nähere Umgebung das Sehen, wenn du wieder normal essen würdest?

Nutze diese Fragen, um dir die Last bewusst zu machen, die du deinem Körper aufbürdest.
Ich wünsche dir von Herzen, dass du dein Leben glücklich, zufrieden und gesund leben kannst. Liebe ist dafür ein sehr gutes Mittel und du solltest auf deiner Liste der Menschen, die du liebst, an allererster Stelle stehen!

Denn die Liebe ist das oberste Heilmittel und diese beginnt bei sich selbst im Inneren!

DR. HARRY MERL

- Prakt. Arzt und FA f. Psychiatrie u. Neurologie
- Seit 1989 Univ. Doz. f. Psychotherapie (Univ. Graz)
- Gruppentherapeut und Psychoanalytiker (Lehranalytiker)
- Familien - u. Systemtherapeut, Supervisor
- "Vater der Familientherapie" in Österreich
- 1997 Verleihung des Goldenen Ehrenzeichens für Verdienste um die Republik Österreich
- Seit 1995 in Pension, selbst. Tätigkeit als Psychotherapeut

Interessenschwerpunkte:

Systemerkennung und Veränderung (bes. auch in Form der Teamsupervision), Humanökologie, Erhaltung und Wiederherstellung von Gesundheit (Einführung der „Gesundheitsbildes") insbes. bei schweren psychiatrischen und körperlichen Erkrankungen (Schizophrenie, MDK, psychosomatische Erkrankungen, Krebs). Arbeit mit der „Reflecting Team", Rolle des Selbst in der systemischen Therapie („Der Traum vom gelungenen Selbst").
Zahlreiche Veröffentlichungen zum Thema Veränderung. Dzt. Interesse für EFT (Emotional Freedom Technique) und Brainspotting.

Web: www.gesundheitsbild.de/dr-harry-merl

Foto: Dr. Harry Merl

PLATZ FÜR EIGENE ANMERKUNGEN

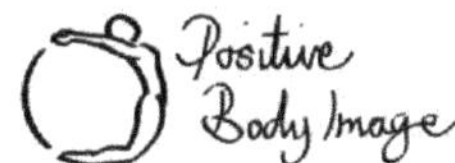

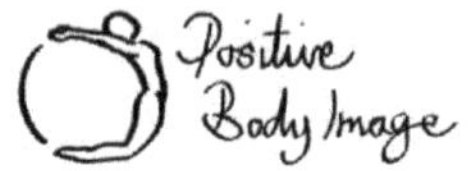

PLATZ FÜR EIGENE ANMERKUNGEN

AKZEPTIERENDE, LIEBEVOLLE BEZIEHUNG ZU MEINEM KÖRPER

NICOLE C. AYERS

MEINE LIEBEVOLLE BEZIEHUNG

Unseren Körper zu akzeptieren, wie er ist, ist eine heilende, befreiende Arbeit. Hier sind *drei Aktivitäten,* mit denen Du beginnen kannst, eine freundlichere Beziehung zu Deinem eigenen Körper zu kultivieren.

Beginne damit, sich selbst eine liebevolle Geste anzubieten. Lehne Dich mit dem Rücken gegen etwas Stützendes (eine Wand, einen Stuhl, den Boden) und lege Deine Arme um Deinen Körper. Schließe die Augen, wenn sich das gut anfühlt. Umarme dich sanft.

Halte diese Umarmung so lange, wie Du magst.

Mein Liebesbrief an meinen Körper

Schreibe einen Liebesbrief an Deinen Körper oder an ein Körperteil. Du kannst ihn kurz und einfach halten:

Lieber Körper, ich lerne, dich so zu akzeptieren, wie du bist. In Liebe [NAME]

Oder Du kannst Deine Dankbarkeit für ein bestimmtes Körperteil ausdrücken, oder für jede Verletzung, die Du in Deinem Körper trägst.

Es gibt keinen richtigen oder falschen Weg, den Liebesbrief zu schreiben. Die Idee ist, einen ehrlichen Dialog zu eröffnen, damit Du eine Beziehung zu Deinem Körper kultivieren kannst.

SPÜRE DEINEN KÖRPER

Schließlich erforsche die Möglichkeiten, Deinen Körper zu bewegen, die sich nährend und stärkend anfühlen und die es Dir erlaubt, Zeit in Deinen Körper zu verbringen, anstatt in Deinen Verstand. Diese Bewegung ist nicht als Übung gedacht, um Deinen Körper zu kontrollieren. Sie ist dazu gedacht, Dich mit Deinem Körper zu verbinden. Vielleicht ist es ein Spaziergang durch den Wald, bei dem die Blätter unter Deinen Füßen knirschen, oder es ist eine Ein-Frau-Tanzparty in Deinem Schlafzimmer. Vielleicht ist es eine sanfte Bewegungsübung, wie Wild Soul Movement, oder eine aufregende Fahrradtour einen steilen Hügel hinunter.

Bücher von Nicole Ayers (nur auf Englisch erhältlich!)

Erhältlich auf: Nicole's website, Indiebound,
Ingram und Amazon

NICOLE C. AYERS

Die Selbstliebe-Befürworterin und Autorin Nicole C. Ayers ist eine dynamische und einnehmende Rednerin, die sich nicht scheut, verletzlich und real über ihre persönliche Reise zur Selbstliebe zu sprechen. Sie ist eine starke Stimme für weibliches Empowerment und die Freiheit, die es mit sich bringt. Die Zuhörer werden sich fühlen, als hätten sie eine herzliche Umarmung bekommen und ein privates Lachen mit einer engen Freundin geteilt, aber am wichtigsten ist, dass sie mit transformativen Werkzeugen gehen werden, um sich selbst kennen zu lernen.

Nicole ist die preisgekrönte Autorin von "Love Notes to My Body", das als eines der besten lebensverändernden Bücher des Jahres 2020 anerkannt wurde, sowie der beiden dazugehörigen körperpositiven Bücher. Sie wurde von lokalen und internationalen Medien eingeladen, um über die Bedeutung von Körperakzeptanz zu sprechen, und sie ermutigt jeden, die Erzählung zu durchbrechen, die ihnen sagt, dass sie - und ihre Körper - nicht genug sind, so wie sie sind.

Web: www.nicolecayers.com

Photo Credit: Cass Bradley, Fearless Found

PLATZ FÜR EIGENE ANMERKUNGEN

" Liebesbriefe an meinen Körper und

alle seine Teile zu schreiben

erlaubte mir, sie so zu akzeptieren, wie sie ist,

von meinen Krähenfüßen bis zu meinen kleinen Zehen,

denn es ist schwer, etwas zu hassen,

mit dem man sich anfreundet."

Nicole C. Ayers

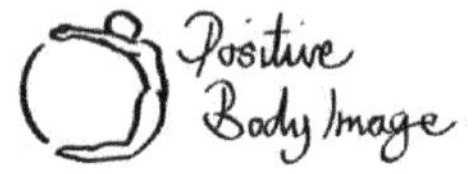

PLATZ FÜR EIGENE ANMERKUNGEN

ANORexia NERVOSA

WAS IST ANOREXIA NERVOSA?

Nach ICD10 / F50:

Die Anorexia ist durch einen absichtlich selbst herbeigeführten oder aufrechterhaltenen Gewichtsverlust charakterisiert. Am häufigsten ist die Störung bei heranwachsenden Mädchen und jungen Frauen; heranwachsende Jungen und junge Männer, Kinder vor der Pubertät und Frauen bis zur Menopause können ebenfalls betroffen sein. Die Krankheit ist mit einer spezifischen Psychopathologie verbunden, wobei die Angst vor einem dicken Körper und einer schlaffen Körperform als eine tiefverwurzelte überwertige Idee besteht und die Betroffenen eine sehr niedrige Gewichtsschwelle für sich selbst festlegen. Es liegt meist Unterernährung unterschiedlichen Schweregrades vor, die sekundär zu endokrinen und metabolischen Veränderungen und zu körperlichen Funktionsstörungen führt. Zu den Symptomen gehören eingeschränkte Nahrungsauswahl, übertriebene körperliche Aktivitäten, selbstinduziertes Erbrechen und Abführen und der Gebrauch von Appetitzüglern und Diuretika.

GEDANKENIMPULSE

Ich lebe.

Oder doch nicht.

Mein Körper atmet.

Ich auch?

Bin ich da?

Werde ich gesehen als ich?

Ich möchte…

WENN DIR DEIN EIGENER RAUM GENOMMEN WIRD

Mag.a (FH) BERNADETTE BRUCKNER

BERNADETTE'S GESCHICHTE – ANOREXIA NERVOSA/MAGERSUCHT

„Sich selbst in sich erkennen zu dürfen, ist eine Gnade!" Bernadette

Selbstzerstörung. Unsichtbar werden. Nicht gesehen werden. In Ruhe gelassen werden. Das sind die ersten Worte, die mir eingefallen sind, als ich gefragt wurde, aus welchem Grund ich vom Übergewicht in die Magersucht gefallen bin.

Nicht mehr schlecht gemacht werden. Keine blöden Witze mehr über meinen Körper, mein Geschlecht, meine Herkunft anhören müssen.

Oft musste ich mir während meiner Zeit als Übergewichtige Dinge anhören wie *„dein Babyspeck ist zuviel!"* oder *„du bist zu dick!"* und sogar *„du bist hässlich!"*. Und das als hochsensibles, junges Mädchen.

Auch später, als ich bereits viel abgenommen hatte, durfte ich mir diese Worte noch anhören. Gesagt von Menschen, die sich selbst nicht mögen. Von Menschen, die ich nicht kenne. Von Menschen, die mit mir nie gesprochen haben und wenn doch, dann machten sie von einer derben Wortwahl Gebrauch.

Als hochsensibler Mensch sind derartige Worte, wie ich sie zuhauf hören musste, wie Nägel, die in die Haut geschlagen werden. Und damit nicht genug: Ich habe mir selber die Schuld gegeben. Ich habe die Worte als wahr empfunden. Ich habe mich hässlich und wertlos gefühlt. Viele Jahre bin ich vor dem, was mir nicht guttat, davongelaufen. Innerlich und äußerlich.

Doch eines Tages habe ich mich allem gestellt. Und ich durfte erkennen, dass ich ICH sein darf - egal was andere sagen! Daher ist mein Motto:

BE SIMPLY ME. NO MATTER WHAT. NOTHING ELSE MATTERS.

BAUM – MEIN SCHUTZ, MEIN RAUM

Richte deinen Spiegel nach außen! Damit meine ich, dass Du alles was Du im Außen wahrnimmst, mit Dir weniger zu tun hat, sondern mit Ansichten von anderen, die sich vllt. selbst nicht mögen. Selbstzerstörung für andere ist KEINE Lösung!

Dazu ist es wichtig, dass du dir folgender Dinge bewusst bist:

Du musst dich NICHT selbst für andere unsichtbar machen oder gar zerstören.

Du DARFST leben. Auch, wenn es anderen schlecht geht.

Du DARFST DEIN Leben leben, auch, wenn andere es dir nicht gönnen, neidisch sind und etwas dagegen sagen.

Ich persönlich durfte mit Hilfe von Personen, die das Asperger-Syndrom aufweisen (eine Form von Autismus) erfahren, was es bedeutet, bei sich zu bleiben und seinen eigenen Weg zu gehen. Unabhängig davon, was andere sagen.

Dafür habe ich meine Baumübung entwickelt. Die Übung hilft mir, nicht meinen Körper als Angriffsfläche für Verletzungen zu nutzen. Statt meinen Körper zu schädigen, visualisiere ich einen Baum, einen großen, beschützenden Baum, in den ich mich zurückziehen kann, wenn mir im Außen alles zu viel wird.

ÜBUNG AUS DEM BASIS-BUCH:

ERDEN – MEIN BAUM RUFT MICH!

Stell dir vor, du lehnst mit dem Rücken zum Baumstamm gewandt an deinem Lieblingsbaum.

Jetzt gehst du langsam in den Baumstamm hinein. Stell dir deinen Baum so breit vor, dass du deine Arme seitlich ausstrecken kannst, ohne die Rinde zu berühren. Die Rinde stell dir so stark vor, wie du sie brauchst, um dich wohlzufühlen.

Deine Füße verbinden sich mit den Wurzeln des Baumes und du erdest dich über diese Baumwurzeln bis tief in die Erde.

Verwurzle dich aber nicht nur tief, sondern auch breit, damit du fest auf dem Boden stehst. Atme tief ein und langsam wieder aus.
Merkst du, wie du innerlich ruhiger wirst und dich so besser entscheiden kannst?

PLUS

Stell dir vor, du kannst die Rinde vom Baum dicker und dünner machen: ist die Rinde dicker, dann wirkt sie ein Panzer – sie ist unzerstörbar und sicher. Umso dünner die Rinde ist, desto wohler fühlst du dich in der Außenwelt und kannst mehr wahrnehmen, was dort passiert.

Visualisiere deinen Baum nun so groß, bis du das Gefühl hast, dass sich dein persönlicher Raum gut anfühlt.

Möglicherweise werden Menschen aus deinem Umfeld dann fortgehen. Aber das macht nichts. Wichtig ist jetzt nur, dass du dich wohlfühlst, wo du gerade bist. Deinen Schutzbaum kannst du überall und zu jederzeit abrufen.

Statt einem Baum kannst du auch eine Wolke, ein Haus, ein Tier oder alles andere sein. Kreiere für DICH genau das, was DIR guttut!

AUS DEM INNEREN HERAUS FÜR SEINE EIGENE GEBORGENHEIT SORGEN.

SPIEGLEIN, SPIEGLEIN AN DER WAND

Wir sehen uns selber meist anders als wir tatsächlich aussehen. Wie nimmst Du dich wahr? Und wie siehst du tatsächlich aus?

Nimm ein großes Blatt Papier – am besten eines, das so groß wie du selbst. Zeichne nun dich und deinen Körper, so wie du dich wahrnimmst. Nimm dir ruhig Zeit dafür.

Jetzt stelle dir folgende Fragen:

Wie sehe ich mich heute?

- Wie habe ich mich gesehen, als die Essstörung begann? Genauso wie heute oder anders? Was war anders?

- Welche Farben habe ich benutzt? Eher helle oder eher dunkle? Mehr bunt oder doch eher schwarz-weiß? Was für ein Gefühl lösen die Farben bei mir aus – machen sie mich eher glücklich oder traurig?

- Ist das meine eigene Wahrnehmung oder die von jemand anderem? Wenn es nicht meine ist, wessen ist es dann?

- Wer im Inneren sieht mich so?

- Welches Alter von mir sieht mich so?

- Wer sieht mich so? Ich selbst oder andere?
- Wer möchte mich so sehen, wie ich mich gezeichnet habe?
- Wer möchte mich NICHT so sehen, wie ich mich gezeichnet habe?

Jetzt stelle dich vor einen Spiegel und frage dich:

- entspricht der Körper, den ich gezeichnet habe, dem, den ich im Spiegel sehe?

Lass die Antwort auf dich wirken – Stunden, Tage oder auch Wochen. Danach mach mit der folgenden Frage weiter. Und auch bei dieser gilt: Die Antwort darf so viel Zeit in Anspruch nehmen, wie du dafür benötigst.

Gehe in deinem Tempo voran.

- Wie möchte ich mich sehen?

Anschließend nimm ein neues Blatt Papier zur Hand und zeichne dich erneut.

SAG HALLO ZU DEINEM KÖRPER & LÄCHLE

Wir nehmen unseren Körper wahr. Mit einer Essstörung jedoch nicht so, wie er tatsächlich ist. Unser inneres Gefühl, unsere Essstörung, verzerrt das Bild, das wir im Kopf haben. Wir sehen uns zu dick oder zu dünn; wir sehen uns so, wie wir uns fühlen – nicht aber so, wie wir körperlich wirklich sind.

Wir können aber wieder lernen, unseren Körper so zu sehen, wie er tatsächlich ist und ihn auch wieder mehr anzunehmen.

Sag „Hallo" zu deinem Körper – täglich! Auch gerne mehrmals vor einem Ganzkörperspiegel. Nackt oder mit Unterwäsche – wie es für dich angenehm ist.

Wie möchtest Du dir selbst begegnen?

Wie möchtest Du dich selbst begrüßen?

ICH SEGNE MICH UND MEINEN KÖRPER

Eine weitere Möglichkeit ist es, deinen Körper zu segnen. Durch das Segnen (ohne religiöse Hintergedanken) nimmst du deinen Körper immer mehr an.

Ich segne mich!

Ich segne meinen Körper.

Ich nehme mich bedingungslos und vollkommen an.

Ich nehme meinen Körper bedingungslos und vollkommen an.

Ich liebe mich, wie ich bin.

Ich liebe meinen Körper wie er ist.

Ich bin wie ich bin!

UMARME DICH ALS DICH IM JETZT!

Tun dir die Berührungen, die du dir und deinem Körper gibst, gut?

Wie fühlt es sich an, wenn du dich berührst?

Bei Essstörungen nehmen wir sehr oft den Körper nicht an, wir wollen ihn „abstoßen“. Durch die oben genannten Übungen wird die Annahme des Körpers geschult.

Dein Körper ist deine Möglichkeit, Erfahrungen im Leben auf der Erde zu machen. Genieße ihn! Ich habe es wieder erlernen dürfen und können.

ICH DARF LEBEN UND ICH WILL LEBEN!

MAG.A (FH) BERNADETTE BRUCKNER

Studium Gesundheitsmanagement.
Dipl. Ernährungstrainerin.
Intern. Speaker. Autor.
Innovator. Multiversum-Mentorin.
Senior resilience method/tool designer.

Begründerin von **ORINITION®** – **n(fl)ourish soul.mind.body.**
iMM® – intuitive mentoring und **iScriptModelling®** **method**
Begründerin von **LeanHealth4Business®** und
HolisticScriptFactory®

Herausgeber der Buchserie "Erste Hilfe bei..." mit Top-Experten

Die kreative Allrounderin arbeitete erfolgreich in verschiedenen Arbeitsbereichen im In- und Ausland. Durch ihr Interesse an Unternehmenskommunikation, Marketing, Personalwesen und vielen anderen Bereichen der Wirtschaft hat sie sich in den letzten 30 Jahren ein enormes Wissen angeeignet. Zahlreiche Ausbildungen bei internationalen Top-Trainern wie Richard Bandler, Robert Dilts, Mark Anastasi und Clinton Swaine.

International tätig als ganzheitliche Trainerin in den Bereichen Gesundheit, Ernährung und energetisch mentale Gesundheit mit außergewöhnlichen Methoden.

GEDANKENIMPULSE

WIE SOLL/DARF/MUSS EIN FRAUENKÖRPER AUSSEHEN, UM ALS FRAU FRAU SEIN ZU DÜRFEN?

Begründerin von „iMM® – intuitive mentoring method und 1-min-coaching-to-go®“, intuitive, wissenschaftlich erklärbare Entwicklung von NLP, sowie „**ORINITION®** - n(fl)ourish soul. mind.body.“ – eine innovative Ernährungsmethode zur (Wieder-)Erinnerung der eigenen Körperintelligenz. Erfolgreich abgeschlossenes FH-Studium „Gesundheitsmanagement im Tourismus“ mit Fokus auf Gesundheitsförderung. Angehendes internationaler PhD & Forschung in den Bereichen Neuro-/Psycholinguistik in Verbindung mit Public Health, Gesundheitskommunikation, Neuroplastizität und Gesundheitsökonomie.

Internationaler Herausgeber und Autor zahlreicher Bücher in verschiedenen Sprachen. Global Author Award 2018 in London.

Nominitiert für den NLP Award in Research 2019 in London.

2021 Eröffnung eines eigenen Forschungszentrums für intuitive Wissenschaft in Österreich (HolisticScriptFactory®) und THE health | nutrition literacy LAB®.

" Wer nie bereit ist, auch nur eine größere Aufgabe anzunehmen, als er/sie zu erfüllen vermag, wird nie alles schaffen, wozu er/sie fähig ist." C. C. McIntosh

Website: www.bernadettebruckner.com

Photo Credit: PicturePeople

PLATZ FÜR EIGENE ANMERKUNGEN

PLATZ FÜR EIGENE ANMERKUNGEN

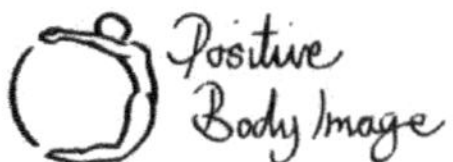

EXKURS ORTHOREXIA

WAS IST ORTHOREXIE ?

Geprägt von dem amerikanischen Arzt Steven Bratman wurde in Anlehnung an „anorexia nervosa“ 1997 der Begriff „Orthorexie“ geprägt. Gemäß der Plattform AES.ch:

„der Ausdruck **Orthorexia nervosa** ist der vorgeschlagene Name für das Krankheitsbild einer Essstörung, bei der die übermäßige Beschäftigung mit der Qualität der Lebensmittel aufgrund selbst auferlegter Regeln zu psychischen und/ oder physischen Beeinträchtigungen führen kann. Orthorexia nervosa ist (noch nicht) im internationalen Klassifikationssystem ICD 10 gelistet.“

Sich mit gesunder Lebensweise auseinander zu setzen, DARF kein Verbrechen werden!

Ernährung sollte/darf Genuss sein. Im Wort „genießen“ ist das Wort „Genie“ enthalten. Genießt Du das Leben schon in vollen Zügen?

Auf sich und seinen Körper zu hören und zu achten, ist Geburtsrecht!

Was ist ein „normal" Gewicht? Und wer bestimmt das „Normalgewicht"?
Ich oder andere? Die Gesellschaft, Politik, Religion,...?
Das derzeitige Schönheitsideal?

Geprägt von
BMI?
von kg, kcal?
von Vorgaben der WHO?
von ...?

Oder von dem wie sich der Mensch in seiner eigenen Haut, in seinem Körper wohl fühlt? Von dem wie wir uns selbst sehen können, wollen und möchte? Unabhängig von konditionierten Verhalten und Sichtweisen?

Was uns gut tut und wie wir leben wollen....?

Oder doch nicht?

PLATZ FÜR EIGENE ANMERKUNGEN

BINGE EATING

WAS IST BINGE EATING?

BINGE EATING NACH DSM-IV (307.50)

Beim Binge Eating kommt es zu Fressanfällen, die meist im Geheimen stattfinden, wenn der Betroffene alleine ist. Bei einem solchen Anfall werden innerhalb kürzester Zeit riesige Mengen an Lebensmittel, meist hochkalorisch, wahllos in den Körper hineingepresst. Während eines solchen Anfalls hat der Betroffene keinerlei Kontrolle über sich und kann daher weder die Lebensmittelauswahl, noch die Menge steuern. Aufgehört wird meist dadurch, dass entweder nichts Essbares mehr zu finden ist oder der Magen heftig schmerzt.

Um vom Binge Eating und damit einer Essstörung zu sprechen, muss ein solcher Anfall mindestens einmal pro Woche über einen Zeitraum von mindestens drei Monaten stattfinden. Eine kontinuierliche Gewichtszunahme über diesen Zeitraum findet außerdem statt.

LEBENSGESCHICHTE

Mein Verhältnis zum Binge Eating und der daraus erfolgten Adipositas:

Immer, wenn in meiner Familie irgendjemand traurig war, sich verletzt hatte oder sich im Job geärgert hatte, waren die Worte zu hören: „Komm, setz dich her und iss erst einmal etwas, dann können wir in Ruhe darüber reden!“ „Kind, nimm dein Essen mit und geh in dein Zimmer. Die Erwachsenen müssen etwas besprechen!“ Und nachdem nur die Erwachsenen etwas zu besprechen hatten, durften Kinder in meinen Augen zwar ihr eigenes Essen haben, mussten aber ihre Probleme im wahrsten Sinn des Wortes runterschlucken. Mein Essverhalten wurde von anderen immer als normal angesehen. Die Essmenge war sogar eher zu wenig. Dass ich aber vom Gewicht her nicht weniger wurde, hat niemand registriert.

Mit 8 Jahren war ich das erste Mal in einer Klinik für fettsüchtige Kinde. Fettsüchtige Kinder - diese Worte brannten sich genauso in mein Gedächtnis wie das Bild meiner Mutter, die sich für mich an den Diätplan der Ärzte hielt und eine Standpauke über sich ergehen lassen musste, warum sie mich verhungern lassen wolle, nachdem ich mit Kreislaufproblemen kollabierte. Zwei Wochen lang aß ich zu wenig – nämlich nach genauem Essensplan des Krankenhauses.

Bis zu meiner Pubertät habe ich noch zahlreiche Diäten ausprobiert, bis ich gelernt hatte, jedem den Eindruck zu vermitteln, meine Essmengen seien viel zu gering“. Zu dieser Zeit habe ich aber schon jahrelang allein in meinem Zimmer, später dann in meiner eigenen Wohnung, alles gegessen, was mir in die Finger kam. Alles durcheinander, alles gleichzeitig. Bis zu den Ellenbogen waren meine Hände und Arme voll mit Lebensmitteln: Wurst in beiden Händen, Schokolade an den Armen, Himbeersirup im Mund – heruntergespült mit Cola und Essiggurkenwasser. Solche Situationen waren keine Seltenheit. Es ging immer nur um „So viel wie möglich und das in sehr kurzer Zeit". Und ich war stolz darauf, dass ich nicht nach jedem solchen Anfall auf die Toilette gehen musste, um zu erbrechen. Ich bildete mir ein, dass das für mich der Beweis war, dass ich nicht krank bin, denn nur die Ess-Brechsucht ist eine Krankheit, nicht aber die Fresssucht, an der ich damals schon litt.

(anonym)

GROSS SEIN, KLEIN SEIN!

Mag.a (FH) BERNADETTE BRUCKNER

GEDANKENIMPULSE

Binge Eating ist ein zwang in dir zu erkennen, wer du bist und nach was du suchst. Erkenne die zwei Seiten in dir an und vereine diese, um zu erkennen wer du wahrlich bist. Zuviel essen, Zuwenig essen, Zuviel denken, Zuwenig tun, Zuviel in sich stopfen, um was zu ernähren, was vllt. nicht deines ist. Erkenne doch, dass dein Körper dein Tempel ist und vllt. jemand anderer deinen Tempel benutzen möchte, um zu erkennen, wer dieser wahrlich ist.

Die Welt braucht einen guten Körper und nicht einen toten Körper.

Binge Eating kommt aus der Vergangenheit, um zu erkennen, was in uns noch steckt und raus möchte. Erkenne auch das Darmparasiten und andere „nicht-körperliche-wesen“ euch beeinflussen etwas zu tun, was nicht eures ist. Erkenne die Themen dahinter, erkenne was oder wer das ist und um was es geht, um das auflösen zu können. Selbstliebe ist ein großes Thema, was du bereits erkannt hast.

Binge Eating hat viel mit Selbstliebe, Selbstvergebung, Selbstvertrauen zu tun und doch ist es viel mehr als das. Du hast bereits mit deinem Darm, mit deinen inneren wesen gesprochen und euch „versöhnt“. Erkenne das IMMER alles einen Sinn hat, wieso was wo wann ist und du erkennen kannst, dass im Grunde alles einen Sinn hat!

Die zwei Teile in dir vereinen nicht nur dein Königreich in dir, jedoch auch deine Seele mit dem Körper, wobei hier wie du schon gesehen hast, „Verträge“ und alte Geschichten sowie wie ein Blueprint vorhanden ist.

Intuitives Schreiben, März 2018

BODYMAP BZW. WALKING MIND-MAP

Nimm ein großes Blatt Papier (mind. A3, besser A0 - Packpapier oder ähnliches) und lege es auf den Boden – so, dass kein anderer darauf gehen oder stehen kann. Das ist deine Map – für dich und deinen Körper. Zeichne dich auf, so wie du dich wahrnimmst, wenn du AUF der Map stehst. Was siehst Du vor dir, neben dir, hinter dir. Du kannst auch was raufgeben, wie Steine, Blätter oder ähnliches. Das ist DEINE Map!

Wie bzw. was siehst du, wenn du in dir auf der Map stehst? Lass dir Zeit! Du kannst auch Tage dafür benötigen...

Geh auf dieser Map rum. Ausserhalb vom Blatt Papier und innerhalb. Wie siehst du dich in dieser Map und ausserhalb der Map?

Schreibe Deine Gedanken nieder.

HAUTGRÖẞE VS. INNENBILD – INNEN WIE AUẞEN!

Nimm die MAP wieder her. Wie siehst Du dich außerhalb der MAP und innerhalb der MAP! Anders oder gleich?

Wie hast Du dich gezeichnet? Ist das Bild angenehm, schön oder anders?

Wenn du vor dem Spiegel stehst, wie siehst Du dich? Zeichne es auf? Ist es dem Bild von der MAP gleich, ähnlich oder anders?

Wie fühlst Du dich im innen, wenn du in der MAP stehst?

Passen die Bilder im Innen und Außen zusammen oder nicht? Wo ist der Unterschied und wie möchtest Du es wahrnehmen?

ZIELVORSTELLUNG „NORMAL SEIN“

Was ist normal? Ab wann ist der Körper normal? Und ab wann kannst Du zufrieden sein mit deinem Körper?

Beantworte für dich diese Fragen und dann ergänze:

…. mit diesen Punkten fühle ich mich in meinem Körper wohl!

Was wäre der erste Schritt, sodass ich mich in meinem Körper wohl fühle und ich das Gefühl von „normal passend wohlfühlend“ empfinden kann.

GEDANKENIMPULSE

Essen. Fressen.

Kotzen.

Spüre ich mich?

Ich brauche mehr.

Im Inneren leere.

Essen. Fressen.

Kotzen.

Ich möchte mich spüren!

Kann ich?

Darf ich?

Ja!

PLATZ FÜR EIGENE ANMERKUNGEN

PLATZ FÜR EIGENE ANMERKUNGEN

BULIMIE

WAS IST BULIMIE?

Nach ICD10 / F50:

Ein Syndrom, das durch wiederholte Anfälle von Heißhunger und eine übertriebene Beschäftigung mit der Kontrolle des Körpergewichts charakterisiert ist. Dies führt zu einem Verhaltensmuster von Essanfällen und Erbrechen oder Gebrauch von Abführmitteln. Viele psychische Merkmale dieser Störung ähneln denen der Anorexia nervosa, so die übertriebene Sorge um Körperform und Gewicht. Wiederholtes Erbrechen kann zu Elektrolytstörungen und körperlichen Komplikationen führen. Häufig lässt sich in der Anamnese eine frühere Episode einer Anorexia nervosa mit einem Intervall von einigen Monaten bis zu mehreren Jahren nachweisen.

LEBENSGESCHICHTE

Viel war los in meiner Familie: Konflikte, Streit, gedrückte Stimmung, Lieblosigkeit und unausgesprochenes. Für uns Kinder war es erdrückend und ich wollte meinen Eltern immer entsprechen. Gelernt für gute Noten. Wenn sie nicht gut waren, habe ich mehr gelernt und der Druck, den ich mir aufgebaut habe, wurde immer größer. Wenn ich nicht gepasst habe, wurde ich geschlagen. Liebende Worte waren selten. Funktionieren war notwendig, um nicht aufzufallen und nicht zu missfallen. Mein Körper war meine einzige Kontrolle, da außerhalb – ob Familie, Freunde, Schule nichts mehr kontrollierbar war. Ich habe selten Lob erhalten und ich wollte nur genügen. Beweisen, dass ich der Liebe es wert bin. Mein Körper wird trainiert, die äußere Schönheit bewertet. Bei mir und bei anderen. Wenn zu viel gegessen wird, wird gekotzt. Wenn alles zu viel wird, wird gegessen. Heimlich, viel, weil ich nie weiß, ob morgen noch was da ist. Dann wieder zu viel gestopft und ich gehe kotzen. Essen wurde ein Thema zuhause. Bei Papa war das Essen anders. Weniger stressig. Perfektion ein Thema. Immer mehr kann ich das auch Kontrollieren.

Heute ist Essen ist kein Zwang mehr, sondern Genuss – weniger ist mehr! Gesundes Verhalten ohne Kontrolle und Liebe zu mir und meinen Körper. Täglich mehr!

(anonym)

GEDANKENIMPULSE

Kontrolle.
Essen. Nicht-Essen.
Kotzen. Stopfen. Kotzen.

Mein Leben ist außer sich.
Innen auch?

Stopfen. Hamstern.
Kontrolle. Kotzen.

Mein Leben ist aus dem Ruder.
Ich kann nicht mehr.

Loslassen.
Los lassen.
Leben?

ICH SPÜRE … MICH!

Mag.a (FH) BERNADETTE BRUCKNER

WER BIST DU?

Wir haben dir schon viel gezeigt wegen der Bulimie und doch fehlt noch was. Lass er kennen, dass Bulimie auch von andern gesteuert wurde. Um zu erkennen, was der Körper essen möchte und was die Seele bzw. andere essen möchten. Dieser Zwiespalt ist, der der das alles zustande bringen kann. Die Bulimie wie wir sie nennen ist eine persönlichkeitsspaltende Ernährungsform, die dich dazu bringt, etwas zu tun, was dein Körper nicht möchte oder dein geist. Jedoch jemand anderer.

Was lässt dich das machen? Und aus welchem Grund?

Hals-Chakra!!!! Was kannst du nicht aussagen was du mit der Ernährung ausspucken musstest? Was kannst du nicht verdauen, was dein Magen und dein Hals dir jedoch sagen möchte? WUT ist ein Thema... Wut nicht auszusprechen was du möchtest...

Liebe ist immer die Antwort, bedenke dies und gehe weiter.

Intuitives Schreiben, März 2018

STEUERUNG VON INNEN HERAUS

Wie sieht Deine Bulimie in Dir aus? Zeichne sie auf:

Wenn siehst Du darin? Bist das Du oder jemand anders? Schreibe es nieder…

Schreibe nieder für Dich, wann Du das Gefühl hast, dass Dein Körper nicht mehr dir gehört. Was machst Du da anders, wenn du das Gefühl hast?

Schau für Dich, ob Du glaubst, Du kannst wieder deinen Körper wahrnehmen und Entscheiden für dich und deinen Körper treffen, dass Dir guttut.

SPÜRE ICH MICH? SPÜRE ICH DICH? – GRENZEN DER ZUFUHR

Hast Du dir schon jemals gefragt, wer oder was dich dazu bewegt, dass zu tun, was du nicht steuern kannst? Spürst Du dich wenn du deinen körper weh tust?

Essen – Fressen – Kotzen

Spürst Du Dich, wenn Du deinen Körper vollstopfst? Wenn nein, was bewegt dich, wer bewegt dich, die Arme zu heben, um essen zum Mund zu bringen?

Wo ist Deine Grenze(n)? Kennst Du diese?

Schreib für dich nieder, was Grenzen für dich sind/sein könnten. Und was es bedeutet, keine Grenzen zu spüren. Ob im Körper oder in anderen Bereichen.

Um was geht es hinter diesem Thema?

BODY FRAMING VS. BODY SHAMING

Wer bin ich in mir, wenn ich weiß wer ich sein könnte? Welche „Rahmenbedingungen“ habe ich für mich definiert, wo ich meinen Körper nicht mag. Wie müssten die „Rahmenbedingungen“ sein, sodass ich mich in meinem Körper wohlfühle?

Zeichne einen Rahmen auf:

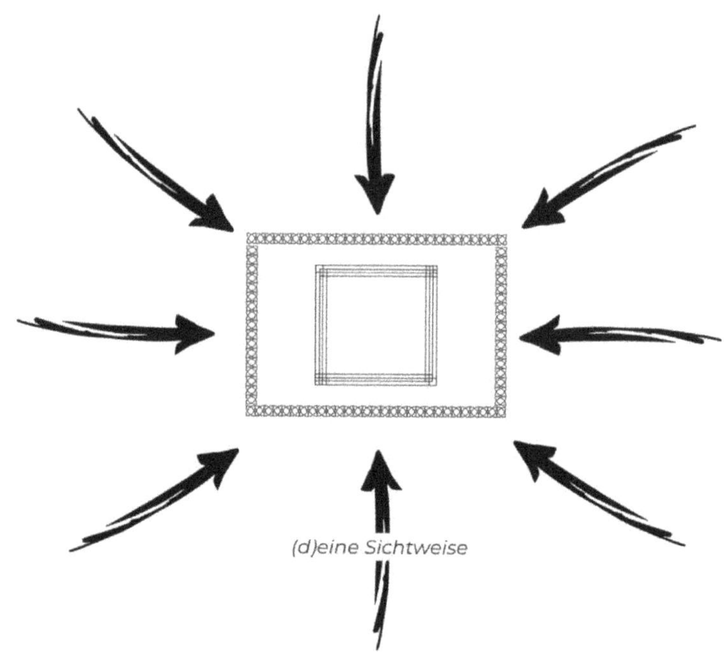

Auf welcher Seite siehst Du deinen Körper? Ist das der „passende Rahmen"? Was wäre, wenn Du das Bild „mein Körper" anders betrachtest? Vllt. den Rahmen umdrehst? Quer siehst?

Den Rahmen weggibst...

Wie siehst Du Dich und Deinen Körper dann?

Welchen Rahmen gibst Du Dir selbst? Ist das deiner oder übernommen (auferlegt)?

Wie möchtest Du gerne, dass „Dein (Bilder)rahmen„ aussieht? Und wie siehst Du Dich in diesem Bilderrahmen?

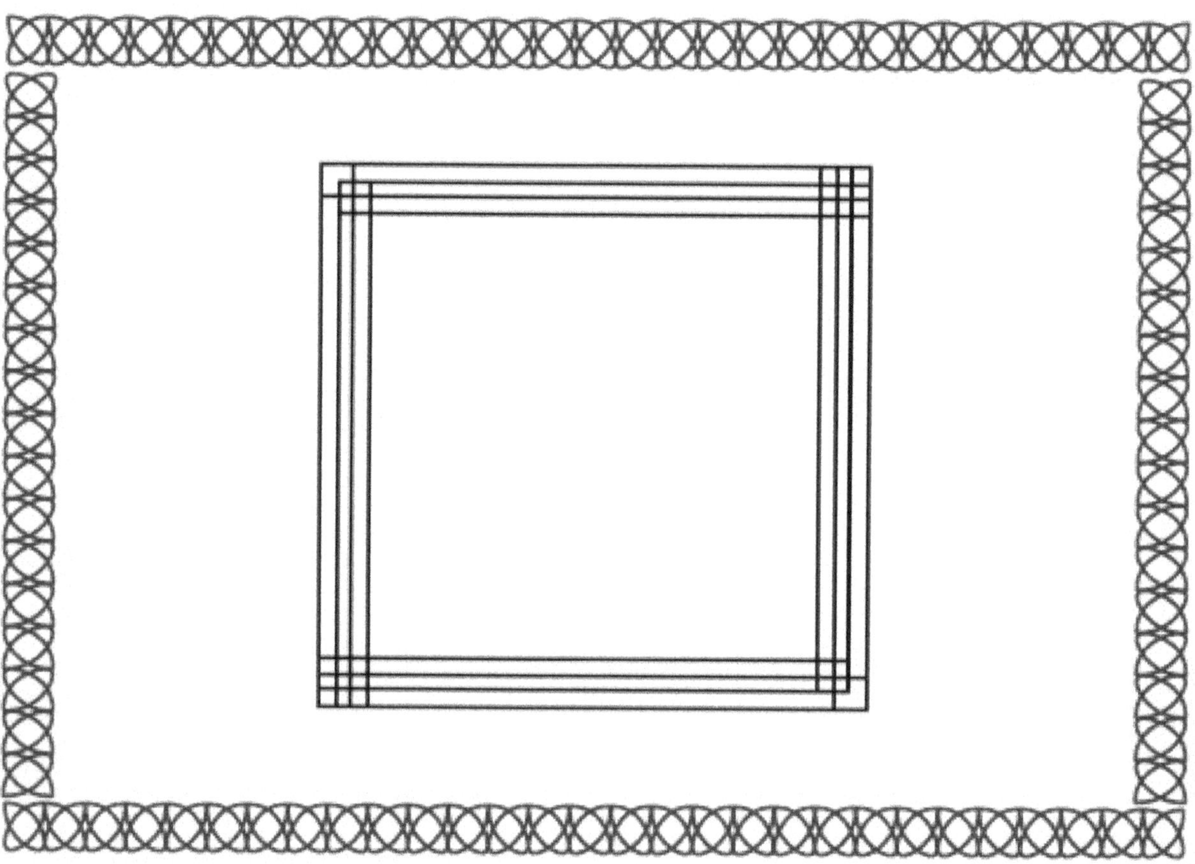

Wie siehst Du Dich als komplett gesundete Person?

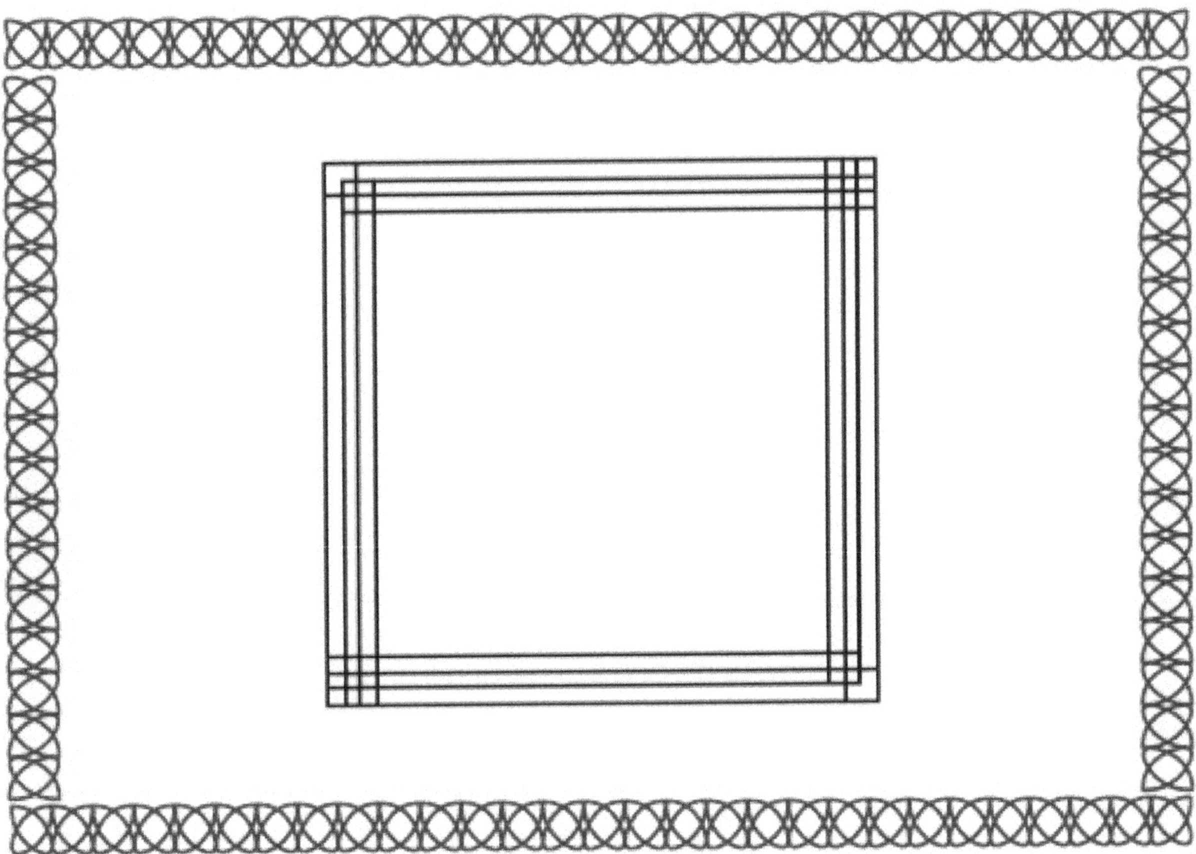

GEDANKENIMPULSE

Essen – Fressen - Kotzen – Essen – Fressen - Kotzen.

Das ist ein Wechselspiel zwischen Macht und Abhängigkeit, Erkennen und Verleugnen. Nimm an, dass es sich dabei um etwas in Imbalance darstellt. Und wenn du den Grund für diese Imbalance herausfinden konntest, wirst du sie reparieren können.

Für wen isst du? Für wen möchtest du nicht essen?

Durch Fragen, Erkenntnis und Antworten kannst du die Imbalance auflösen.

Wer isst mit dir mit? Ist es der Körper? Dein altes Leben? Alte Verbindungen? Wer möchte, dass es dir nicht gut geht? Wer möchte, dass du leidest? Wer möchte, dass du nicht zurück in Balance kommst?

Erkenne die Antworten an und dann gehe weiter.

Intuitives Schreiben, März 2018

PLATZ FÜR EIGENE ANMERKUNGEN

PLATZ FÜR EIGENE ANMERKUNGEN

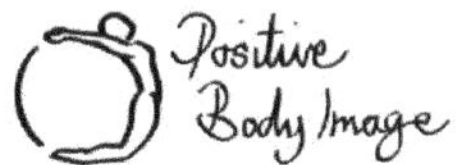

JETZT IST DIE ZEIT, DAS LEBEN ZU RETTEN, WAS DIR ZUSTEHT

KATE HUDSON-HALL

HÖRST DU JEMALS AUF DAS, WAS DU DIR SELBST SAGST?

Wussten Sie, dass Experten schätzen, dass wir 60.000 Gedanken pro Tag haben? Das sind durchschnittlich 2500 Gedanken pro Stunde. Wie unglaublich ist das?

Das einzige Problem ist, dass sie das auch glauben:

80% dieser Gedanken, die wir jeden Tag haben, sind NEGATIV!

95% der Gedanken, die wir jeden Tag haben, sind die gleichen Gedanken, die wir am Tag zuvor hatten und am Tag davor...

Das hört sich jetzt nicht gerade positiv an, denn wenn wir jeden Tag so viele negative Gedanken haben und sie sich dann am nächsten Tag meistens wiederholen; was um alles in der Welt können wir dann dagegen tun?

Wenn wir also die gleichen Gedanken haben wie gestern, passiert das Gleiche:

- Das erzeugt die gleichen Verhaltensweisen.
- Die gleichen Verhaltensweisen werden immer die gleichen Erfahrungen erzeugen.
- Dann werden die gleichen Erfahrungen immer die gleichen Gedanken und Gefühle erzeugen.

Wenn Sie weniger als 5 % neue Gedanken haben, wie wollen Sie dann dieses Muster stoppen?

Die Antwort liegt in Ihnen, indem Sie Ihre Verhaltensweisen, Gewohnheiten und Muster anpassen, und eine Möglichkeit, dies zu tun, ist, Ihre Vorstellungskraft zu nutzen.

Wenn Sie sich diese Gedanken anhören würden, wären Sie überrascht, dass die meisten von ihnen nutzlose, triviale Gedanken sind, die sehr schnell durch den Kopf schwirren, ohne dass Sie überhaupt merken, dass sie da sind. Was sind also all diese Worte? Es sind Worte, die Sie vielleicht zu sich selbst sagen, um sich in irgendeiner Weise das Leben schwer zu machen oder ein negatives Verhalten zu verstärken, Worte zu wiederholen, Fragen zu stellen, Antworten zu geben und so viel inneres sinnloses Geschwafel!

Ihre Gedanken sind so, als stünden Sie am Rande einer stark befahrenen Straße, und die Autos fliegen an Ihnen vorbei.

Wie können Sie sich also eine Pause von all diesen Gedanken gönnen?

MINDFULNESS

Zu lernen, Achtsamkeit in den Alltag einzuführen, wird ein unglaublich kraftvoller Weg sein, um Ihnen eine Pause von der negativen plappernden Stimme in Ihrem Kopf zu verschaffen. Es geht darum, zu lernen, aufmerksam zu sein, im gegenwärtigen Moment, mit Absicht und ohne zu urteilen. So einfach ist das!

Lassen Sie mich das erklären: Wir sind fast nie im gegenwärtigen Moment. Wir machen uns entweder Sorgen über die Vergangenheit oder denken darüber nach, was in der Zukunft passieren könnte. Würden wir draußen einen lauten Knall hören oder eine schöne Aussicht sehen, würde uns das zurück in die Gegenwart bringen.

HIER UND JETZT IST, WO WIR SEIN WOLLEN.

Es wurde viel Forschung über die vielfältigen Vorteile von Achtsamkeit und Essstörungen, insbesondere Bulimie, betrieben. Studien zeigen, dass sie mehrere psychologische und körperliche Probleme lindern kann. Zum Beispiel:

- Zwanghafte Gedanken
- Stress
- Ängste
- Depressionen
- Geringes Selbstwertgefühl
- Chronische Schmerzen
- Schlaflosigkeit
- Niedrigerer Blutdruck

Meine Klienten mit einer Essstörung, denen ich Achtsamkeit beigebracht habe, fanden es auch sehr hilfreich für:

- Selbstmitgefühl zu kultivieren
- Aufbau eines starken Gefühls der Selbstwahrnehmung und Selbstidentität
- Achtsames Essen

Achtsamkeit ist wie das Drücken der Pausentaste Ihres Verstandes, die Ihnen eine Pause von dem ständigen, nicht enden wollenden Geplapper in Ihrem Kopf verschafft.

Ein fantastisches Achtsamkeitswerkzeug, das Ihnen helfen kann, sich von Ihrem teuflischen Bulimiegeschwätz zu befreien, ist die Achtsamkeitstechnik "Urge Surfing".

WAS IST „URGE SURFING“ UND WIE KANN ES IHNEN JETZT HELFEN?

Alan Marlatt, ein Psychologe und Pionier auf dem Gebiet der Alkoholsucht, entwickelte aus der Achtsamkeit das Drang-Surfen. Er fand heraus, dass wir lernen können, die Kontrolle darüber zurückzugewinnen, wie wir auf unsere Triebe reagieren. Sie sind nicht gefährlich und werden uns nicht umbringen; es sind nur Gefühle.

Lassen Sie mich das erklären. Wie oft, wenn Sie versuchen, sich selbst zu kontrollieren und nicht zu saufen, versuchen Sie bewusst, sich abzulenken, indem Sie fernsehen oder Ihre Zeit mit einem Spiel auf dem Handy verbringen? Funktioniert diese Ablenkung bei Ihnen?

Drang-Surfen bedeutet, mit diesem Drang zu sitzen, Ihren Atem und Ihre Aufmerksamkeit zu nutzen, um die Welle zu reiten, sich ihr zuzuwenden, anstatt sie zu bekämpfen, mit den Empfindungen, die Sie denken und fühlen, mitzugehen und sie zu reiten, so wie ein professioneller Surfer die Wellen reitet. Anstatt also zu versuchen, sich von Ihren unerträglichen Trieben abzulenken, reiten Sie mit ihnen; erlauben Sie ihnen, da zu sein.

Ihre Triebe sind vergleichbar mit einer Welle, die über Sie hinwegfegt. Sie beginnt als ein Plätschern in einem ruhigen Meeresgrund. Dann driftet sie langsam vorwärts, baut sich auf, wird größer und größer, bis sie schließlich auf das Meeresufer kracht und sich dann ruhig zurückzieht. In diesem nie endenden Kreislauf kehrt sie immer wieder zurück.

Wir haben vielleicht keine Kontrolle über den enormen Drang oder die 15-Fuß-Welle in diesem Moment, aber wir können lernen, auf ihr zu surfen, mit ihr zu gehen, da wir die Kontrolle darüber haben, wie wir auf sie reagieren.

ZEIT, UM DIESE FANTASTISCHE FÄHIGKEIT DES URGE SURFING ZU ERLERNEN

Das fällt Ihnen vielleicht nicht leicht, deshalb ist es wichtig, freundlich und mitfühlend mit sich selbst zu sein, denn anstatt zu versuchen, nicht an den unerträglichen Drang zum Saufen zu denken, werden Sie sich dem Drang zuwenden und eng bei ihm bleiben. Es geht darum, ihn kennen zu lernen, mit ihm zu sitzen und ihn zu spüren.

SIND SIE BEREIT, DEN DRANG ZU SURFEN?

Sie müssen Ihr Selbstvertrauen aufbauen, also fangen Sie mit einem weniger intensiven Drang an und bauen Sie Ihr Selbstvertrauen auf, um dann, wenn Sie bereit sind, mit dem Drang zum Saufen zu arbeiten.

Zuerst möchte ich, dass Sie jetzt an einen Drang denken, den Sie kürzlich hatten, vorzugsweise einen, der nichts mit Essen zu tun hat, vielleicht etwas wie das Anschauen von sozialen Medien auf Ihrem Telefon oder das Überprüfen einer E-Mail oder Textnachricht.

Suchen Sie sich einen ruhigen, bequemen Platz, halten Sie Ihr Telefon in der Nähe, so dass Sie es sehen können.

Schauen Sie auf Ihr Telefon und stellen Sie sich vor, dass eine wichtige SMS eingegangen ist (schalten Sie die Benachrichtigungen aus, damit es einfacher ist, sich vorzustellen, dass die wichtige SMS eingegangen ist. Wenn die Benachrichtigungen eingeschaltet sind, wissen Sie, dass kein Text eingetroffen ist). Der Drang, ihn zu lesen, nimmt zu, also stimmen Sie sich darauf ein und machen Sie sich diesen Drang so deutlich wie möglich, und versuchen Sie dann, sich all der verschiedenen Empfindungen bewusst zu werden, die auftauchen.

Bleiben Sie bei all diesen Empfindungen und bemerken Sie, wie sie sich mit der Zeit verändern. Nutzen Sie Ihren Atem, um Ihnen zu helfen, dies durchzuatmen. Konzentrieren Sie sich einfach auf Ihre Atmung und nehmen Sie jeden Atemzug wahr, wie Sie ein- und ausatmen.

Wow, na bitte, Sie haben es geschafft. Sie haben Ihr erstes Verlangen erfolgreich überwunden.

Normalerweise hält ein Drang 20 Minuten lang an. Wenn Sie Ihren Trieben nachgeben, werden sie noch stärker. Das ist das Letzte, was Sie im Moment wollen.

Wenn Sie also mit Ihrem Drang sitzen würden, könnten viele negative Gedanken und Gefühle von Panik und Angst aufkommen, die den Drang verstärken. Es könnte ein Gedanke sein wie "Ich habe Angst" oder "Ich bin ein Versager", der den Drang noch stärker macht. Diese werden schließlich allmählich abklingen, aber es wird viel länger dauern, als wenn Sie gelernt haben, den Drang zu überwinden.

Im Folgenden finden Sie die Schritte, mit denen Sie beginnen können, das Muster der unerträglichen Drangzustände im Zusammenhang mit Ihrer Bulimie zu durchbrechen.

SCHRITT 1

Üben wir uns in Achtsamkeit. Suchen Sie sich einen ruhigen, bequemen Platz, an dem Sie nicht gestört werden. Schließen Sie die Augen und richten Sie bei geschlossenem Mund Ihre Aufmerksamkeit auf Ihre Atmung. Spüren Sie, wie die Luft durch Ihre Nasenlöcher einströmt, wie sich Ihr Brustkorb hebt und senkt, wie sich Ihr Bauch hebt und senkt. Konzentrieren Sie sich auf alle Aspekte Ihrer Atmung, und wenn Sie bemerken, dass Ihr Geist abschweift und an etwas anderes denkt, bringen Sie ihn freundlich, aber nicht wertend, zu Ihrem Atem zurück.

Tun Sie dies etwa zwei Minuten lang. Um Ihnen zu helfen, sich auf Ihre Atmung zu konzentrieren, denken Sie an sich selbst, während Sie einatmen und ausatmen.

(Wenn Ihnen das alles zu viel wird und Sie befürchten, dass Sie durch den Gedanken an Ihr Verlangen einen Heißhunger auslösen könnten. Konzentrieren Sie sich dann auf Ihre Atmung, auf die Luft, die durch Ihre Nase einströmt, auf das Heben und Senken Ihrer Brust und Ihres Magens, und bleiben Sie bei Ihrem Atem, bis Sie sich bereit fühlen, sich wieder auf Ihr Verlangen zu konzentrieren).

Alternativ können Sie auch an ein weniger intensives Verlangen denken, etwas, das nicht mit Essen zu tun hat, wie vor Ihrem Telefonverlangen, da Sie mit dieser Technik zunächst Ihr Vertrauen aufbauen müssen.

SCHRITT 2

Wenn Sie bereit sind, stellen Sie sich vor Ihrem geistigen Auge eine schwierige Situation vor, die den Drang zum Saufen auslöst, und lehnen Sie sich dann einfach zurück und nehmen Sie es wahr:

Wo im Körper spüren Sie das unerträgliche Verlangen? Bei manchen mag es der Magen oder die Brust sein.

Wenn es Ihnen schwerfällt, sich mit Ihrem Drang zu verbinden, dann denken Sie an eine Zeit zurück, in der Sie einen Drang hatten, der mit Ihrer Bulimie zusammenhing.

Der Grund, warum wir durch die Nase ein- und ausatmen, wenn wir Achtsamkeit üben, ist, dass es hilft, den Geist zu beruhigen und zu erden. Aber wenn Ihre Nase durch eine Erkältung oder Allergie verstopft ist, atmen Sie auf jeden Fall durch den Mund).

SCHRITT 3

Sobald Sie sich bewusst sind, wo im Körper Sie den unerträglichen Drang spüren, werden Sie sich der Empfindungen bewusst, die mit Ihrem Drang verbunden sind, und beobachten Sie diese einfach. Nehmen Sie ein Notizbuch zur Hand und beantworten Sie diese Fragen:

FRAG DICH SELBST:	**DEINE ANTWORTEN:**
Wie fühlt sich das an?	
Druck? Spannung?	
Prickelnd? Warm oder kühl?	
Wo im Körper ist dieses Gefühl?	
Wie intensiv ist es?	
Wie groß ist er?	

Bewegt es sich, oder steht es still?	
Hat es eine Farbe?	
Welche Gedanken haben Sie?	
Haben Sie ein Bild im Kopf, das den Drang zeigt?	

Beachten Sie, dass die Triebe wie Wellen sind. Sie bauen sich langsam auf, erreichen einen Höhepunkt und brechen dann ab. Bleiben Sie so lange bei dem Ereignis, wie Sie können. Beginnen Sie am besten mit fünf Minuten und beobachten Sie einfach die Wellen. Auch wenn Sie in diesem Moment nicht reagieren, lassen die Triebe nach und schwimmen davon. Beobachten Sie sich wie ein echter Surfer, der auf der Welle reitet.

Der Drang kann sich ändern. Manche mögen eine kleine Dünung sein, andere eine massive Flutwelle, aber bleiben Sie bei dem, was auch immer auftaucht. Surfen, surfen, surfen.

SCHRITT 4

Bringen Sie Ihren Fokus zurück zu Ihrem Drang und bemerken Sie, wie er sich verändert hat. Werden Sie sich aller Empfindungen bewusst.

Stellen Sie sich die Welle als einen unerträglichen Drang vor und sehen Sie, ob Sie sich darauf einstimmen können, wie sie sich aufbaut und dann schließlich einen Höhepunkt erreicht, dann fällt und abklingt. Stellen Sie sich vor, dass Sie ein professioneller Surfer sind und Ihren Atem benutzen, um Ihnen zu helfen, die Welle zu reiten.

Bleiben Sie bei den Empfindungen, wenn sie sich wiederaufzubauen beginnen, nehmen Sie den Höhepunkt wahr, und seien Sie sich dann bewusst, wie sie sich wieder auflöst.

Wenn die Welle beginnt, sich aufzubauen, stellen Sie sich vor, Sie stehen auf einem Surfbrett und reiten die Wellen.

Toll, Sie sind ein echter Surfer; Sie haben es geschafft! Herzlichen Glückwunsch! Sie können präsent sein, Ihre Triebe erleben und nicht reagieren. Sie haben nun begonnen, sich von dem Trieb zu befreien. Fabelhaft!

Wann immer Sie spüren, dass der unerträgliche Drang beginnt, sich aufzubauen, nehmen Sie sich eine Auszeit und beginnen Sie, auf Ihren Trieben zu surfen. Am Anfang sehen Sie, wie lange Sie es aushalten, stellen Sie sich einen Timer, beginnen

Sie mit fünf Minuten, dann steigern Sie sich auf zehn Minuten, dann fünfzehn Minuten und so weiter.

Üben Sie Ihre neue Fähigkeit des Drang-Surfens mindestens zweimal am Tag und arbeiten Sie sich bis zu viermal am Tag hoch. Mit der Zeit werden Sie zu einem professionellen Surfer. Der Drang zum Saufen wird leichter zu surfen, und wenn das passiert, werden Sie sich freuen, dass Sie anfangen, die Kontrolle über Ihr Leben zu übernehmen.

Eine weitere Möglichkeit, Ihren Stress und negative Gedanken zu reduzieren, ist eine kraftvolle Technik namens "Gedankenstopp".

Gedankenstopp ist eine Technik, um diesen schädlichen Dialog und den eskalierenden emotionalen Wirbelwind zunehmender negativer Gefühle mit einem "Stopp"-Befehl zu stoppen und herauszufordern. Das gibt Ihnen ein Gefühl der Kontrolle, Sie unterbrechen die schädliche Gedankengewohnheit und verstärken ein Gefühl der Beruhigung.

WARUM FUNKTIONIERT ES?

Warum das Gedankenstoppen funktioniert, ist ziemlich einfach: Sie unterbrechen das bestialische Gemurmel des bösen Kobolds mit einem "Stopp"-Befehl als Erinnerung und Ablenkung. Und es lenkt Ihre Aufmerksamkeit von schädlichen, sich wiederholenden Gedankengewohnheiten ab.

Wie Sie vielleicht schon wissen, neigen Sie normalerweise dazu, Ihre zwanghaften Gedanken in Ihrem Kopf zu wiederholen. Bleiben sie unkontrolliert, werden sie zu einem Automatismus in einem nicht enden wollenden Kreislauf, der zu einer Spirale des Unheils führt. Wenn Sie die Gedankenstopp-Technik anwenden, werden Sie sich der schädlichen Gedankenketten bewusst und lenken Ihre Aufmerksamkeit von den schädlichen, sich wiederholenden Gedankengewohnheiten ab.

Das Gedankenstoppen erfordert eine konsequente Motivation und funktioniert nicht bei mehr als einem negativen, belastenden Gedanken zur gleichen Zeit.

Jetzt haben Sie mehr von dem Muster identifiziert, das die Triebe aus Schritt 3 hervorruft. Jetzt werden Sie lernen, wie Sie diese schrecklichen Gedanken stoppen können. So geht's:

SCHRITT 1. BEACHTEN SIE DEN GEDANKEN

Schließen Sie die Augen und stellen Sie sich eine Situation vor, in der ein belastender Gedanke/ein belastendes Gefühl auftreten könnte.

SCHRITT 2. GEDANKLICHE UNTERBRECHUNG

Stellen Sie einen Timer für zwei Minuten ein. *Schließen Sie die Augen und denken Sie über Ihren stressigen Gedanken nach.* Wenn Sie das Klingeln hören, rufen Sie "Stopp!" und dann "Hau ab!" in der von Ihnen gewünschten Terminologie.

Wenn Sie der visuelle Typ sind, stellen Sie sich auch ein riesiges Stoppschild in Ihrem Kopf vor.

Sie könnten auch ein loses Gummiband an Ihrem Handgelenk haben, das Sie an dieser Stelle zuschnappen lassen. Wenn Sie keins zur Hand haben, könnten Sie auch mit den Fingern schnippen oder sich selbst kneifen.

Wenn Sie einen bösen Kobold haben, der sich fest an Ihre Schulter klammert und seinen angstmachenden Unsinn brüllt, dann schreien Sie "Stopp" und stoßen ihn gleichzeitig körperlich von Ihrer Schulter.

Lassen Sie nun Ihren Geist von allen Gedanken außer den ruhigen und nicht-ängstlichen leeren und lenken Sie Ihren Geist stattdessen auf einen inspirierenden oder ablenkenden Gedanken um. Denken Sie sich also anstelle Ihres zwanghaften Gedankens einige positive Aussagen und Bilder aus, die in der Zielsituation angemessen sind.

Ein umlenkender Gedanke könnte ein Spruch sein, der Sie ermutigt, oder eine Erinnerung, die Ihnen Kraft gibt oder entspannend ist.

Setzen Sie sich ein Ziel von etwa dreißig Sekunden nach dem Stopp.

Wenn der quälende Gedanke in dieser Zeit wiederkehrt, rufen Sie "Stopp!" und wischen den bösen Kobold von Ihrer Schulter weg und "Hau ab", indem Sie mit Ihrem Gummiband schnippen oder mit den Fingern schnippen.

SCHRITT 3. MACHEN SIE DIES NUN OHNE DEN TIMER

Übernehmen Sie nun die Kontrolle über die Einflüsterungen des bösen Kobolds ohne den Timer. Während Sie über den unerwünschten Gedanken nachdenken, rufen Sie "Stopp!" und "Hau ab!" und bringen dann das riesige Stoppschild hoch und schnappen mit dem Gummiband oder kneifen sich selbst.

- Wenn es Ihnen mehrmals gelungen ist, den Gedanken mit dem gerufenen Befehl zu stoppen, beginnen Sie, den Gedanken mit einem "Stopp!" und "Hau ab" in gewohnter Stimme zu unterbrechen.

- Nachdem es Ihnen gelungen ist, den Gedanken mit Ihrer normalen Sprechstimme zu stoppen, beginnen Sie, den Gedanken mit "Stopp!" und "Hau ab" im Flüsterton zu unterbrechen.

- Wenn das Flüstern Ihre stressigen Gedanken vollständig unterbricht, stellen Sie sich vor, dass Sie "Stopp!" und "Hau ab" in Ihrem Kopf rufen.

Wenn Sie dies erfolgreich durchführen können, bedeutet das, dass Sie die Gedanken allein oder in der Öffentlichkeit stoppen können, ohne dass jemand weiß, was Sie tun.

Vielleicht möchten Sie die Gedanken aufschreiben, um sie zu klären, um sie zu hinterfragen, und sie dann schreddern oder verbrennen.

Ausgezeichnet! Das Ändern Ihrer Gedanken wird Zeit brauchen, deshalb möchte ich, dass Sie das Gedankenstoppen jeden Tag so oft wie möglich üben, und zwar den ganzen Tag. Mit der Zeit werden Sie in der Lage sein, unerwünschte Gedanken sofort zu stoppen.

KATE HUDSON-HALL

Kate ist die Autorin von Bulimia Sucks! Es ist ein inspirierendes, praktisches Buch, das geschrieben wurde, um Menschen zu befähigen, die Barrieren zu durchbrechen, die sie davon abhalten, den ersten Schritt in die Freiheit von Bulimie zu machen.

Buch von Kate Hudson-Hall

Read Bulimia Sucks! on Amazon:

U.S. http://www.amazon.com/dp/B08RCPGNQW/

U. K. http://www.amazon.co.uk/dp/B08RCPGNQW/

Im Alter von 18 Jahren begann Kate ihre "Bulimie-Karriere". Fünfzehn Jahre später und nach viel Hilfe. befreite sie sich schließlich aus den Fängen von Magersucht und Bulimie. Dann stieg sie aus und beschloss, einen anderen bulimischen Weg einzuschlagen. Sie verspürte das große Bedürfnis, anderen zu helfen, so wie ihr geholfen worden war. Daraufhin machte sie eine Ausbildung als Psychotherapeutin, Hypnotherapeutin und NLP-Practitioner. Die letzten zwei Jahrzehnte hat sie als Therapeutin für Essstörungen gearbeitet.

Sie lebt und arbeitet in London. Es ist eine wunderbare Flucht, die Sommer auf ihrem Land in Cornwall mitten auf einem Feld mit Blick auf den Atlantik zu verbringen. Aber mit Covid war das im letzten Jahr kein großer Spaß!

Kate hat einmal versehentlich mit der Queen telefoniert, die wissen wollte, ob sie 'The General Public' sei... sie musste es zugeben.

Web:

www.bulimiasucks.com

www.katehudson-hall.com

Photo Credit: Cass Bradley, Fearless Found

ADIPOSITAS

WAS IST ADIPOSITAS?

Nach ICD10 / F50:

Fettleibigkeit (Adipositas, von lat. adeps „Fett“), Fettsucht oder Obesitas (selten Obesität) ist eine Ernährungs- und Stoffwechselkrankheit mit starkem Übergewicht, die durch eine über das normale Maß hinausgehende Vermehrung des Körperfettes mit häufig krankhaften Auswirkungen gekennzeichnet ist. Nach der WHO-Definition liegt eine Adipositas bei Menschen ab einem Körpermasseindex (BMI) von 30 kg/ m^2[1] vor. Dabei wird in drei über den BMI voneinander abgegrenzte Schweregrade unterschieden:
(a) Adipositas durch übermäßige Kalorienzufuhr
(b) Arzneimittelinduzierte Adipositas aufgeteilt in mehreren Graden basierend auf den BMI gemäß WHO

LEBENSGESCHICHTE

Bis zur 5 Klasse war alles super. Ich hatte eine tolle Kindheit. In der 5 Klasse wurde ich von Mitschüler viel geärgert und ausgegrenzt. Mir wurde unter anderem gesagt, dass ich zu dick wäre. Irgendwann fing ich selbst an es zu glauben. Ich werde etwas dicker.

Mit Beginn meiner Ausbildung, der Umstellung vom Schulalltag zum Arbeitsleben kam die ersten Störungen, die ich auch selbst wahr nahm.

Bis dahin, hab ich essen als Schutz genutzt.

Durch den Stress der mit der Umstellung kam, find ich an mich vor Essen zu ekeln. Ich aß stark reduziert oder ließ einige Mahlzeiten weg.

Ich bekam Lob und Komplimente für meine tolle normale Figur. Jedoch wusste niemand, wie ich dazu kam.

Als ich von zu Hause auszog, veränderte sich mein Essverhalten wieder. Essen wurde zu einem Ersatz von Liebe und Stressabbau. Ich hatte nicht gemerkt wie viel ich wieder zugenommen hatte.

Machte ein Fernstudium zum Ernährungsberaterin, konnte vielen damit helfen, nur mir nicht.

Zudem spezialisierte ich mich auf Diabetes.

Es ist weiterhin ein auf und ab mit dem Gewicht und den richtigen Weg habe ich leider noch nicht gefunden für mich. Doch ich bleibe dran!

(anonym)

GEWICHT-IGE ENTSCHEIDUNGEN

MAG. A (FH) BERNADETTE BRUCKNER

BRIEF / GEDICHT AN DEINEN KÖRPER

Schreib einen Brief oder Gedicht – was Dir mehr liegt – über Deinen Körper…Beginne mit

„Lieber Körper“

… schreib alles auf, was IM MOMENT beim Schreiben in deine Gedanken kommt – ohne Bewertung! Stell Dir vor, Du schreibst einen Brief – ob Liebes-, Hass-, Abneigung-,…Brief – FÜR Deinen Körper! Schreib einfach was dir gerade einfällt ohne Nachzudenken.

….schreib 5-10 min. einfach was dir einfällt.

Dann läßt du das mal 1- 2 Tage liegen und ließt es danach.

Wie geht's dir damit, dass du es jetzt liest? Wie fühlt es sich an?

Schreib das auch auf!

KÖRPERTAGEBUCH

Als 2.Übung ist das Körpertagebuch eine Möglichkeit, dich mehr wahrzunehmen und kennenzulernen.

Kauf dir ein Tagebuch, was dir gefällt und gib dir täglich 5min für dich und deinen Körper Zeit! Schreib für dich morgens oder abends auf, was dir zum Körper einfällt:

Gib Deinem Körper einen Namen.

Frag Deinen Körper was Sie gerne möchte.

Frag Deinen Körper was Sie nicht gerne möchte.

Lern Deinen Körper kennen!

Frag deinen Körper was sie gerne essen möchte, tun möchte, erleben möchte!

Lerne dich und deinen Körper kennen! Sieh sie als deinen Tempel an, mit dem du erleben darfst!

AUSSENBILD / INNENBILD – ICH MALE MICH!

Nimm ein großes Stück Papier – am Besten Körpergröße/-länge und zeichne dich auf, wie du dich siehst…bunt, schwarz/weiß – alles passt!

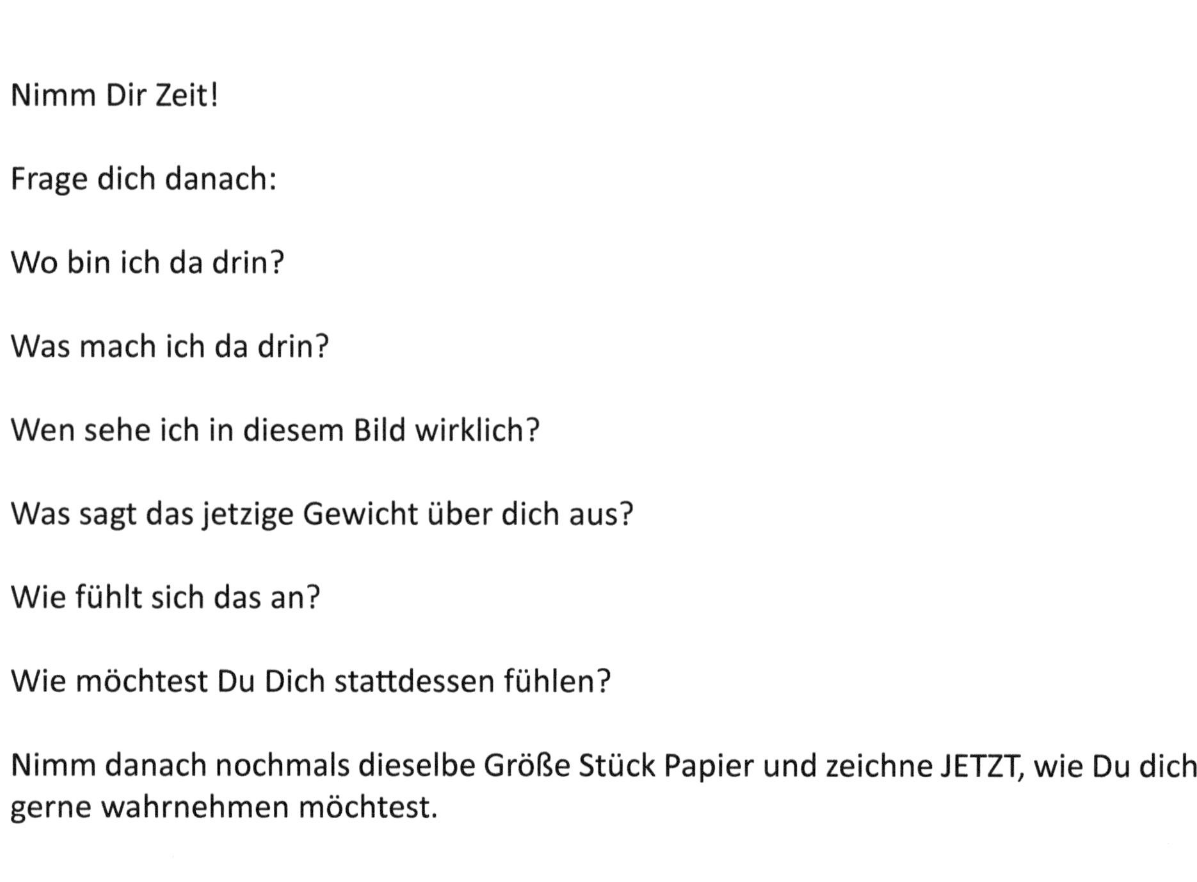

Nimm Dir Zeit!

Frage dich danach:

Wo bin ich da drin?

Was mach ich da drin?

Wen sehe ich in diesem Bild wirklich?

Was sagt das jetzige Gewicht über dich aus?

Wie fühlt sich das an?

Wie möchtest Du Dich stattdessen fühlen?

Nimm danach nochmals dieselbe Größe Stück Papier und zeichne JETZT, wie Du dich gerne wahrnehmen möchtest.

Nimm Dir Zeit!

Frage dich danach:

Will ich und mein Körper das wirklich oder jemand anderen gefallen?

Wen sehe ich JETZT in diesem Bild?

UND JETZT:

Zeichne nochmals – mit einer Farbe, die du danach erkennst – auf dieser Zeichnung so wie es sich für Dich GUT ANFÜHLT!

Frage dich jetzt:

Was sagt dieser Körper, den ich JETZT gezeichnet habe, über mich und mein Gefühl zu meinem Körper aus?

Schreibe spontan alles auf, was dir einfällt!

Falls das Gewicht sich geändert hat im Bild, dann frage nach: Was sagt das Wunschgewicht über Dich und Deinen Körper aus?

Wie möchtest Du Dich gerne in deinen Körper fühlen?

Was wäre(n) der/die erste Schritt(e) in diese Richtung?

Ab wann beginnst Du diese zu gehen?

Schreibe das auf!

DEINE KÖRPERFÜLLE, DEIN SCHUTZ?

Stelle dir spontan die Frage, ob dein körper dein Schutz ist / Deine Schutzhülle vor irgendwas!

Wir müssen NICHT unseren Körper mit zuviel Nahrungsmittel füllen, um das Gefühl des Schutzes wahrzunehmen.

Bevor wir mit der Baum-Übung beginnen, frage dich selbst:

Vor WAS möchte ich mich schützen?

Vor WEN möchte ich mich schützen?

Hier gibt es eine einfache energetische Möglichkeit: die Baum-Übung

Stell dir vor, du lehnst mit dem Rücken zum Baumstamm gewandt an deinem Lieblingsbaum.

Jetzt gehst du langsam in den Baumstamm hinein. Stell dir deinen Baum so breit vor, dass du deine Arme seitlich ausstrecken kannst, ohne die Rinde zu berühren. Die Rinde stell dir so stark vor, wie du sie brauchst, um dich wohlzufühlen.

Deine Füße verbinden sich mit den Wurzeln des Baumes und du erdest dich über diese Baumwurzeln bis tief in die Erde.

Verwurzle dich aber nicht nur tief, sondern auch breit, damit du fest auf dem Boden stehst. Atme tief ein und langsam wieder aus.

Merkst du, wie du innerlich ruhiger wirst und dich so besser entscheiden kannst?

PLATZ FÜR EIGENE ANMERKUNGEN

ERNÄHRUNGSTAGEBUCH/-PLAN

Um eine effektive Nahrungsumstellung und Lebensumstellung durchführen zu können, benötigt es eine klare Planung ...das Durchhalten ist so eine Sache!

Durch ein Ernährungstagebuch können wir selbst wahrnehmen, was wir alles zu uns nehmen und erkennen aus welchem Grund wir Essen – ob als Frust, als Langeweile, als ...

Schreibe für Dich mindestens 14 Tage auf, was Du wann isst und welche Gedanken oder Emotionen mit dem Essen verbunden ist.

Nächster Schritt:
Mach dazu noch eine Spalte und frage Dich was Du stattdessen machen könntest als zum Essen zu greifen bzw. eine gesündere Essensvariante wählen könntest!

3. Schritt:
Welches Gefühl hättest Du gerne stattdessen als das was Du am Anfang hattest?

4. Schritt:
Mit welcher Aktivität möchtest Du das neue Gefühl gerne verbinden?

Ernährungs-Wohlfühlbuch als Anhang verfügbar!

GEDANKENIMPULSE

Schutz.

Wärme.

Nähren oder doch nicht?

Körper schütze mich.

Vor mir.

Vor das was ich nicht erkennen möchte.

Körper schütze mich.

Der Außen ist grausam.

GEDANKENIMPULSE

Dick. Dünn.

Nie genug!

Frust. Essen.

Schutz. Essen.

Dick.

Beleidigungen.

Beschimpfungen.

Klein sein wollen.

Frust. Essen.

Schutz. Essen.

Dick.

Wieso ich?

ESSSTÖRUNGEN IN DER SCHWANGERSCHAFT

BERNADETA SALINI

ESSSTÖRUNGEN IN DER SCHWANGERSCHAFT

Eine Imbalance ist nie gut, während der Schwangerschaft aber schadet sie nicht nur dir, sondern auch deinem Baby.

Schwangerschaft bedeutet wachsen, dafür ist eine gesunde und regelmäßige Nahrungsaufnahme notwendig. Bei einer Essstörung ist das jedoch nicht gegeben, so dass das Baby nicht so wachsen kann wie es sollte.

Erkenne an, dass dein Baby die Nahrung braucht. Es braucht sie, um wachsen zu können, um leben zu können.

Bei einer Essstörung kann es passieren, dass alles, was sich in unserem Körper befindet, als Störung, als Feind angesehen wird. Im schlimmsten Fall kommt es dazu, dass der Körper den Fötus oder das Baby abstößt.

Daher ist bei einer vorliegenden, am besten jedoch schon bei einer geplanten Schwangerschaft Versöhnung oberste Priorität. Versöhnung mit dir und mit deinem Körper.

Dein Baby hat DICH als Mutter gewählt. Du schaffst das – für dich und dein Baby.

ÜBUNG 1: DAS „INNERE KIND“ HEILEN

Bekommt der Fötus etwas mit?

Dass der Fötus unsere Stimme hört und unser Essverhalten mitbestimmen kann, wissen wir schon längst. Aber kann es auch fühlen, was die Mutter fühlt und gar das gleiche empfinden wie sie?

Ja, ich denke, dass ist definitiv der Fall.

Das Ungeborene ist in der Lage, unsere Gedanken zu empfangen, Glaubensmuster zu übernehmen und sogar Angst oder Ablehnung zu spüren. Die Angst, die eine frisch gebackene Mutter empfindet, überträgt sich automatisch auf das Kind. Sollten eine Mutter während der Schwangerschaft Ängste und Befürchtungen begleiten, so wird das Baby ebenfalls Ängste empfingen und Überzeugungen, so genannte Glaubenssätze entwickeln Das sind beispielsweise „ich habe Angst; ich traue mich nicht; das klappt sowieso nicht; ich bin hilflos; ich bin ohnmächtig “ oder ähnliches. Das Kind wird immer Angst vor neuen Herausforderungen haben und du als Mutter wirst dich wundern und fragen wo das wohl herkommt.

Doch damit kannst du jetzt Schluss machen. Ich möchte dir nämlich auf einfache Art erklären, wie du dich während deiner Schwangerschaft selbst heilen und so deinem zukünftigen Kind die besten Startmöglichkeiten ins Leben erschaffen kannst.

Kinder spüren unsere Gefühle, lesen unsere Gedanken, kopieren Mimik, Gestik, Körpersprache und spiegeln auf diese Weise unser Verhalten und unsere Reaktionen.

Dies geschieht ohne, dass wir etwas dafür machen müssen und ohne eine Anleitung von uns. Daher halte ich es für sehr wichtig, sich im Laufe der Schwangerschaft Gedanken zu machen, was man dem Kind „vererben" möchte und was nicht.

Die Arbeit mit deinem inneren Kind gibt Dir die Möglichkeit vergrabene Glaubenssätze, Verhaltensweisen und Kindheitserlebnisse ans Licht zu bringen, damit diese angesehen, verarbeitet und losgelassen werden können. In jungen Jahren werden wir durch unsere Familie stark geprägt. Wir schauen uns die Verhaltensweisen von unseren Geschwistern, Eltern, sowie Freunden ab und bringen es in unserem Leben ein. Genauso prägen traumatische Erlebnisse, wie beispielsweise den Tod der Mutter in jungen Jahren oder auch Missbrauch in verschiedensten Formen. All das bleibt hängen und formt unsere Persönlichkeit und damit auch die Verhaltensweisen jeden Kindes.

Wenn du als angehende Mutter an einer Essstörung leidest, hast du sicher schon einiges in deinem Leben erfahren dürfen, da bin ich mir sehr sicher. An vieles kannst du dich nicht mehr erinnern, weil Dinge bereit im Mutterleib oder in den ersten Lebensmonaten geschehen sind. Die ersten sechs Monate sind die wichtigsten im Leben eines Säuglings, gefolgt von der Zeit bis zum vollendeten zweiten Lebensjahr. Auch später erlebte Traumata verdrängen wir teilweise so tief ins Unterbewusstsein, dass wir uns nicht mehr an das Erlebte erinnern können.

Den Zugang diesen Dingen können wir auf der unbewussten Ebene erlangen. Hierfür nutze ich gerne die „Reise zum inneren Kind". Eine meditative Reise zu deinem kleinen „Ich".

Denn eins bin ich mir ganz sicher:

„Wenn du dich als Mutter heilst, wirst du automatisch dein Kind heilen können und auch umgekehrt. Sei offen für das was ist und lass alles andere los.“

„Das innere Kind heilen“.

In dieser Übung geht es darum, die Verbindung zu deinem inneren Kind aufzubauen.

Wähle für diese Übung einen Tag aus, an dem du dich gut fühlst.

Für diese Übung brauchts du Zeit und Ruhe.

Nehme eine bequeme Sitzposition ein. Sorge dafür, dass du diese Übung ungestört durchführen kannst. Wenn du magst, schließe deine Augen. Komme langsam zur Ruhe, entspanne dich, atme tief ein und tief aus. Stell dir vor, dein Atem wäre eine Welle, auf der du reitest. Hebe beim Einatmen deinen Brustkorb an und senke ihn beim Ausatmen. Nimm dir Zeit für die Beobachtung der Atmung. Wenn du bereit bist, stelle dir einen Ort vor, wo du dich sicher fühlst. Einen Raum, einen Wald, eine Wiese, einen Strand, wichtig ist, dass es sich für dich gut anfühlt. Nun setze dich hin und genieße diesen Moment. Und während du ganz gemütlich die Stille erlebst, schaue dich um. Aus weiterer Entfernung siehst du plötzlich eine kleine Gestalt auf dich zukommen. Diese Gestalt kommt immer näher und näher und je näher sie kommt umso größer wird sie. Und als sie ganz nah bei dir ist, erkennst du in ihr dein „kleines Ich“. Das bist du, als Kind. Kannst du erkennen wie alt du bist? Schau dir das Kind ganz genau an. Was siehst du? Schaue ihm tief in die Augen. Verbinde dich mit deinem kleinen Ich. Beobachte es! Sind da Freude, Traurigkeit, Wut, Verletzungen? Sage deinem inneren Kind, dass es dir leidtut, dass du es allein gelassen hast und dich so selten meldest. Sag ihm, dass du jetzt gekommen bist, weil du es vermisst hast.

Frage dein kleines Ich: „Was kann ich für dich machen? Was brauchts du von mir“?

Nimmt seine Worte bewusst wahr und schenke ihm all das, was es von dir braucht.

Vielleicht möchte es in den Arm genommen werden und einfach den Schmerz teilen, vielleicht möchte es weinen und getröstet werden. Lass alles geschehen.

Wenn ihr fertig mit eurem Gespräch seid, schaue deinem Kind ganz tief in die Augen und sage ihm, dass du dich ab sofort jeden Tag kümmern wirst und ihm geben wirst, was es braucht.

Nun ist es an der Zeit, langsam Abschied zu nehmen. Schenke deinem Kind zum Schluss eine liebevolle Umarmung. Vielleicht möchtest du ihm auch einen Kuss geben. Mache einfach das, was sich für dich richtig anfühlt. Du weißt nämlich am Besten, was du im Moment brauchst. Nun lass dein keines Ich gehen. Genieße diese Begegnung noch einen Moment. Und wenn du breit bist, komme langsam zurück ins Hier und Jetzt. Öffne langsam deine Augen.

Während dieser Übung kann es vorkommen, dass ein Gefühl von Traurigkeit ausgelöst wird und Tränen deine Wangen herabfließen und du ein Gefühl hast, dich nicht mehr unter Kontrolle zu haben. Genau das ist vollkommen in Ordnung. Lass es zu. Tränen reinigen die Seele und sorgen so für Heilung. Wichtig dabei ist, sich nicht dafür zu kritisieren oder sich gar für einen Schwächling zu halten. Wahre Stärken zeichnet sich dadurch aus, dass man sich verletzlich zeigen kann.

„Heilung geschieht auf vielen Ebenen gleichzeitig. Wenn du dich veränderst, verändert sich alles".

ÜBUNG 2: SELBSTUMARMUNG FÜR MEHR SELBSTLIEBE.

Das geht immer.

Menschen, die sich lieben, umarmen sich einfach. Menschen umarmen sich zur Begrüßung, zur Verabschiedung, um sich zu trösten, anderen Halt und Geborgenheit zu geben oder auch wenn sie sich freuen. Umarme dich, um dich selbst mehr zu lieben und dir all das selbst geben zu können, was du im jeweiligen Moment brauchst.

Dabei kannst du positive Sätze (Affirmationen) laut aussprechen. Hier einige Beispiele:

„ich lieben mich“,

„ich bin wertvoll“,

„ich liebe meinen Körper“,

„ich bin gut so, wie ich bin“,

„ich darf ich sein“,

„ich darf mich zeigen“,

„ich darf meine Wünsche äußern“.

Wichtig hierbei ist, diese Sätze von Herzen zu sprechen und den Verstand für diese Zeit zu verlassen. Verbinde dich mit deinem Atem und diesem positiven Gefühl, das du dabei verspürst und lass dies sich in deinem ganzen Körper ausbreiten. Durch die Wiederholung der selbststärkenden Sätze werden diese nun zu deiner eigenen Wahrheit und du fängst an, diese zu verinnerlichen und nach ihnen zu handeln.

Durch Selbstumarmung, eine Verbindung zum Ungeboren herstellen und aufbauen.

All diese positive Affirmationen, kannst du auch deinem Baby schicken. Umarme dich liebevoll (selbst) und spreche all das aus, was du deinem Baby wünscht und ihm von und aus deinem Herzen geben möchtest. Vielleicht hast du selbst als Kind wenig positive Erfahrungen mit deinen Bezugs- oder Beziehungspersonen gemacht und hast dich nicht wirklich geliebt oder erwünscht gefühlt. Heute, wo du dein eigenes Kind erwartest, darfst du es auf deine eigene Art und Weise begleiten. Du hast heute die Möglichkeit, ihm all das zu geben, was du selbst vermisst hast. Das könnten Dinge sein wie:

Sicherheit: „du bist in Sicherheit"

Geborgenheit: „du bist willkommen"

Verlässlichkeit: „ich bin immer für dich da"

Akzeptanz: „du darfst so sein wie du sein möchtest"

Liebe: „du wirst geliebt", „du bist vollkommen"

„Denn alles, was du deinem Kind schenkst, schenkst du automatisch auch dir selbst und heilst damit dein inneres Kind."

ÜBUNG 3: DEN KÖRPER MIT DANKBARKEIT ANNEHMEN UND UMSORGEN

Deine Schwangerschaft ist ein Wunder, nicht wahr? Und nun darfst du dich über dieses phänomenale Geschenk freuen.

Eine Schwangerschaft ist die Chance, deinem Körper mehr Wertschätzung und Dankbarkeit zu schenken. Ein Kind in sich zu tragen, ist keine Selbstverständlichkeit, es ist eine Ehre. Du bist eine Außerwählte, die ein Wunder auf die Welt bringen darf. Nur dir als Frau wird dieses großartige Geschenk gemacht, einem Menschen das Leben zu schenken. Du darfst stolz auf dich sein. Dein weiblicher Körper ist magisch. Er ist in der Lage, ein neues Leben zu erschaffen. Sei dankbar für dieses Geschenk und bedanke dich jeden Tag bei deinem Körper, danke, dass du jeden Morgen lebendig Aufstehen und dieses Wunder in dir tragen darfst.

Diese Übung kannst du gerne kurz nach dem Aufwachen, noch im Bett liegend oder auch abends vor dem Einschlafen durchführen.

Spreche die folgenden Sätze laut oder denke sie dir, wenn du nicht alleine bist.

Danke mein Körper, dass du immer für mich da bist (spüre dabei in deinen Körper hinein).

Danke dafür, dass du mich jeden Morgen gesund aufwachen lässt.

Danke an jedes Körperteil, das nur für mich funktioniert ohne, dass ich es auffordern muss.

Danke für meine Beine, die mich jeden Tag tragen (Spüre in deine Beine rein).

Danke mein Herz, dass du jeden Tag für mich schlägt (spüre in dein Herz rein. Vielleich wird es warm?).

Danke an meine Lunge, dank der ich atmen darf (spüre in deine Lunge hinein)

Danke für meine Hände, dank denen ich arbeiten, alles anfassen und spüren kann.

Danke für dieses Wunder, das in nun in mir tragen darf (spüre in deinen Bauch rein).

Danke für meinen Mund, dank dem ich sprechen und essen darf.

Danke für meine guten Gefühle, die mich immer wissen lassen, dass es mir gut geht.

Danke für meine negativen Gefühle, die mich darauf hinweisen, dass es mir nicht gut geht und ich mich mehr um mich selbst kümmern soll.

Danke für all meinen Sinnen, die mir ermöglichen, die Welt wahrzunehmen.

Danke, dass du mich zur Lebens-Schöpferin machst.

Bedanke dich für alles, was dir sonst noch einfällt. Vielleicht möchtest du dich bei einem Menschen bedanken?

Ein Dankbarkeitsritual ist der Schlüssel zu mehr Glück und Erfüllung im Leben.

„Für einen geliebten Körper gibt es keine Schönheitsideale.“

ÜBUNG 4: „NUR" FÜR DIE SCHWANGERSCHAFT

Es gibt kein anderes Thema, das dich so intensiv beschäftigt, wie dein Gewicht. Vielleicht hast du schön während der vorherigen Übungen erfahren und gemerkt, was für ein Wunder dein eigener Körper ist. Was er alles für dich leistet, einfach so, ohne Aufforderung und ohne eine Gegenleistung zu erwarten. VERTRAUE darauf, dass er auch während der Schwangerschaft das Beste für dich tun und dich auf deine Bedürfnisse hinweisen wird. Hunger, Durst, Ruhe, Entspannung, Liebe, Berührung, Geborgenheit, Sicherheit, Zärtlichkeit, Bewegung, Natur, Beziehungen, Gespräche mit Freunden oder die Sehnsucht nach dem inneren Frieden, all das wird er dir signalisieren. Achte auf seine Signale. Diese sind sehr wichtig damit es dir und deinem Baby gut gehen kann. Du hast bestimmt Angst davor und das verstehe ich.

Der beste Umgang mit der Angst ist, durch die Angst durchzugehen, um so zu erfahren, was im schlimmsten Fall passieren kann? Wenn du also Angst vor Gewichtszunahme hast, lasse sie zu. Erlebe diese Angst und schau was passiert. Wenn du das für dich nicht machen möchtest, ist das ok. Versuche es aber wenigstens für dein Baby. Zurück zur Bulimie oder Anorexie kannst du später immer! Jetzt geht es um dein Baby. Mach es erstmal nur für diese Schwangerschaft. Und wer weiß, vielleicht möchtest du nie wieder zurück.

Wie hoch auf Skala von 0 bis 10 achtest du auf deine Bedürfnisse? Null bedeutet gar nicht und 10 bedeutet immer. Diese Übung kannst du mit jedem Bedürfnis oder mit jeder Frage durfühnren. Wenn du bspw. eine Frage mit 3 eingeschätzt hast, solltest du dir überlegen, was du machen kannst, um das Ergebnis bspw. auf 7 oder 8 heben zu können.

Was musst du verändern, damit du das bekommst, was du brauchts?

Ganz wichtig, nur du selbst bist für dein Glück zuständig.

Versuche während dieser magischen Zeit, so viel Eigenverantwortung zu übernehmen, wie irgendwie möglich. Suche nicht bei anderen die Lösung deiner Probleme und gebe nicht anderen die Schuld an deiner Situation. Nur dann hast du die Möglichkeit selbst etwas zu ändern und dir und deinem Baby das zu geben was ihr beide braucht.

Ich wünsche dir von Herzen, dass du mit diesen Tipps deine Schwangerschaft mehr genießen kannst, als ich es in meinen Schwangerschaften konnte.

Alles Gute für dich und deinen Nachwuchs...

BERNADETA SALINI

„Über Essstörung in der Schwangerschaft wird es oft geschwiegen. Das möchte ich ändern“

- Angehende Heilpraktikerin in Psychotherapie an der Paracelsus Schule in Stuttgart
- Staatlich geprüfte und anerkannte Sport- und Gymnastiklehrerin.
- Zertifizierte Hypnotiseurin.
- Ganzheitlicher Coach bei Bulimie in der Partnerschaft und Familie.

  Partnercoaching und Familiencoaching. Zweisprachig: Deutsch und Polnisch.
- Gründerin und Seminarleiterin der Salini Life GmbH (Coaching und Vorträge)
- Ehemalige Betroffene (20 Jahre Bulimie)

Bernadeta Salini, gebürtige Polin. Lebt seit 2014 in Deutschland, Stuttgart. Sie ist hochsensibel.

Es war meine eigene Betroffenheit, die mich dazu bewogen hat, mit Bulimiebetroffenen zu arbeiten. Mein beruflicher Weg in Deutschland hat mit einer Sportausbildung angefangen. Nach dem Abschluss eröffnete ich ein Sportclub für Frauen, den ich sieben Jahre später verkauft habe, um mich Frauen mit Bulimie zu widmen. Meine eigene Essstörung begann mit 16 Jahren, von der ich mich 20 Jahre später, aus eigener Kraft befreit habe. Ich habe während dieser Zeit zwei Kinder auf die Welt gebracht und hatte mit sehr vielen Schuld- und Schamgefühlen zu kämpfen. Nun möchte ich mit dir meine Übungen teilen und dir zeigen, wie du deine Schwangerschaft als Chance für deine eigene Heilung nutzen kannst.
Du bist nicht allein!

„Weiblichkeit ist kein Körperteil, sondern ein Gefühl"

Bernadeta Salini

Website: www.bernadeta-salini.com

PLATZ FÜR EIGENE ANMERKUNGEN

PLATZ FÜR EIGENE ANMERKUNGEN

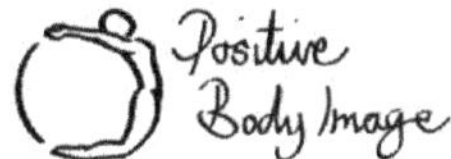

BABY TALK - ESSSTÖRUNGEN IN DER SCHWANGERSCHAFT

MAG.A (FH) BERNADETTE BRUCKNER

Erkenne an das die Imbalance während der Schwangerschaft auch für dich und dein Baby nicht gut ist. Schwangerschaft bedeutet wachsen - Essstörungen bedeutet Imbalance bei der Nahrung. Imbalance in dir und um dich = was du durch Nahrung kompensierst. Wachstum sollte gestattet werden und doch wird das durch die Imbalance im Körper kompensiert und durch Nahrung aufgehalten. Wachsen tun wir im Bauch und durch die Nahrung kann Wachstum erfahren werden. Doch wenn die Mutter nicht wachsen möchte – aus welchen Gründen auch immer – dann kann auch kein Wachstum des Babies gestattet werden.

Erkenne an das alles Kleine Nahrung braucht. Das alles was wächst und in die Größe geht, Nahrung braucht. Durch das Teilen der Zelle, durch die Vermehrung der Energie der Zellen benötigt der Körper und alles andere Nahrung. Nahrung in Form von Energie. Nahrung in Form von Wissen. Nahrung in Form von Materie. Bei Esstörungen kann die Materie, kann das was in uns wächst, in uns ist, auch als Feind angesehen werden, als etwas „störendes", als etwas feindliches. Als etwas was nicht zu uns gehört. Dieses „abstossen" kann gefährlich für dich, für deinen körper und für dein Baby werden. Versöhnung ist gefragt. Versöhnung mit sich, seinen körper, was wir wahrnehmen und was zu uns möchte.

Das Baby hat DICH gewählt als das was du bist: als seine/ihre Mutter! Mutter sein, Mutter werden, Mutter bestimmt zu werden hat was Gutes! Diese Aussöhnung soll bei der Schwangerschaft und beim Annehmen des Körpers – eigenen und des Babies – anerkannt werden. Und doch ist es nicht so leicht zu erkennen, was der Hintergrund des Abstosses ist. Gehe in dich und erkenne dein Wissen.

Intuitives Schreiben, August 2020

BABY TALK – DEIN BABYTAGEBUCH

Dein Baby spricht mit dir – bereits im Bauch und doch... können wir es oftmals nicht wahrnehmen. Was wäre, wenn Du mit Deinem Baby bereits vor es sprechen kann, sprechen kannst?

Was würdest Du Deinem Baby sagen? Was würde Dein Baby zu DIR sagen? Beginne ein Tagebuch ab dem Zeitpunkt, wo Du weißt, dass Du schwanger bist. Schreib nieder – täglich! was Du dem Baby sagen würdest und das Baby Dir! Hörst Du Deinem Baby zu?

Was nimmst Du vom Baby wahr – schreib es nieder! Oder zeichne, male – alles was Du wahrnimmst.

Wie geht es dem Baby während Du mit Deinem Körper unzufrieden bist? Wie geht es Euch gemeinsam, wenn das Gewicht steigt?

Schreib es nieder! Zeichne es und alles andere, was Du in Eurer Tagebuch schreiben magst!

ICH PLATZE! ALSO SIND WIR?

Dicker. Runder. Weiblicher?

Beschwerlicher wegen jemand anderen? Mag ich das?

Dick in mir zu werden ist belebt durch Angst. Ist es meine Angst?

Je größer das Baby wird, desto beschwerlicher kann der Alltag werden. Vllt. kommen noch andere Herausforderungen, die wir uns nicht gewünscht haben. Oft ist das Gefühl auch da, alles abzustoßen, da es uns Zuviel wird... wir platzen nicht nur von Innen, sondern auch von außen! Spüren wir uns dadurch mehr?

Stell Dir vor, Du stehst vor deinem Spiegel – nackt oder mit wenig Kleidung. Den großen Bauch sehend. Wie geht es dir damit? Wie geht es deinem baby damit?
Was würde Dein Baby sagen, dass du dich darin nicht wohlfühlst?

Stell Dir vor, Du umarmst Dich, Deinen Körper und Dein Baby...ist es möglich? Auch wirklich Dich selbst umarmen mit Deinen Händen?
Täglich, einmal, zweimal, mehrmals?

INNER KIND HEILUNG MIT DEINEM BABY

Stell Dir vor, Dein Baby ist dein inneres Kind – dein Anteil von Dir der auch genährt werden möchte.

„Liebes innere Kind von mir! Schön, dass Du da bist! Schön, dass es Dich gibt."

Stell Dir vor, dass Du Dein inneres Kind umarmst. Vielleicht mit einem Teddybären oder mit deinem Lieblingskuscheltier. Umarmt Euch und schön, dass es Euch gibt!

„Liebes innere Kind von mir! Bitte nimm mein Baby an, so wie ich Dich in mir annehme! Liebevoll begleitend nähren wir uns alle, sodass wir alle gesund und munter sind!"

„Liebend zu mir, zu dir und zu uns gehen wir weiter! Täglich mehr liebend!"

Ich danke Euch für meine, deine, unsere Liebe!

DU BIST DAS BABY

Das Baby benötigt was anderes als Nicht-Liebe und Nicht-Annahme. Meine Fragen an Dich:

Wie möchtest Du gerne angenommen werden?

Wie würdest Du gerne angenommen werden?

Was würdest Du Dir von Deiner Mama wünschen?

Welche Ernährung würdest Du Dir wünschen?

Willst Du das Kind? Will Dein Körper das Kind?

Was benötigt DEIN Körper in der Schwangerschaft, sodass ihr beide – Du und das Baby – optimal ernährt sind?

Schreib Deine Gedanken im Babytagebuch nieder!

PLATZ FÜR EIGENE ANMERKUNGEN

PLATZ FÜR EIGENE ANMERKUNGEN

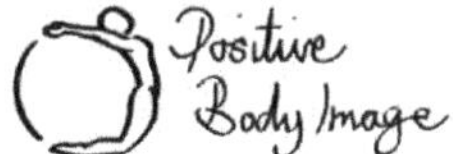

PLATZ FÜR EIGENE ANMERKUNGEN

MEINE BITTE AN DICH!

Es geht immer um Leben!

In der Schwangerschaft geht es auch um anderes Leben!

Ein Leben das in DIR wächst!

Ein Leben das leben will!

Bitte höre auf Dich, auf Deinen Körper und auf Dein Baby und hole Dir, gute begleitende, nährende und professionelle Hilfe! Für Dich und Dein Baby!

Positive Body Image

KRITISCHE ANMERKUNG ALS ERNÄHRUNGSTRAINERIN, GESUNDHEITSMANAGERIN

Alles kann eines Tages zu einer Krankheit und/oder Störung ausprägen, wenn diese zu intensiv, zu stoisch und zu genau – ohne Genuss des Lebens – praktiziert wird. Gemäß Hippokrates „die Dosis macht das Gift“ ist jede Extreme ungesund. Auch das Einnehmen von Medikamenten, das nicht mehr hinhören auf sich selbst und auf den „g‘sunden Hausverstand“. Daher bin ich immer vorsichtig, wenn es um Klassifikationen und um „so muss das Sein“ von sogenannten Fachexperten geht. Der freie Wille auf sich hören zu dürfen und es wieder zu erlernen, was einem gut tut und was nicht, sollte auch und vor allem in der Gesundheitsbranche wichtiger denn je sein. Der Mensch im Mittelpunkt lautet mein Credo und nicht der Profit am Menschen!

Als jemand mit einer ehemaligen Essherausforderung durfte ich mich seit mehr als 20 Jahren intensiv mit diesem Thema auseinandersetzen und für mich ist klar, dass ich meinen Körper kennenlernen darf, was sie will und was nicht! Als kritisch denkende und handelnde Person ist mir gesunde Nahrungsaufnahme wichtig und doch nicht so wichtig, dass ich mich 24/7 damit beschäftigen möchte. Jedoch möchte ich bestmöglich und längst möglich gesund, fit und vital mein Leben leben & genießen, wie ich es möchte. Nicht wie andere es für richtig halten! Und schon gar nicht bestimmend von Industrien, die vom Krank-sein leben!

LEBENSMITTEL – MITTEL FÜR LEBENDIGKEIT

Nahrung ist leben. Leben um zu überleben bedeutet jedoch auch die richtige nahrung zu sich zu nehmen. Erkenne an das nahrung nicht gleich nahrung ist oder lebendig macht. Viele laufen als zombie rum durch die nahrung auslösend. Und doch erkennst du auch das nahrung gefährlich sein kann für den körper, den er ist auch etwas lebendiges was hier nicht lebendig macht, wenn man die falsche nahrung zu sich nimmt. Dein darm ist dein körper. Dein darm ist dein „gehirn für nahrung" erkenne an was in deinem darm ist und du weißt was dein körper braucht. Der darm hat eine haut wie wir im außen. Erkenen an was im innen ist und du siehst was im aussen ist und umgekehrt.

Mutter Natur gibt nur das, was nährend ist. Zurück zur einfachheit mit nahrung zu gelangen und natürlich zu entgiften. Erkenne auch, dass Mutter Natur dir nur das gibt, was für dich und deinen körper sinnvoll ist – und das du es geniessen sollst.

wir wissen nicht, wieso du unrats in deinen körper gibst,dinge die dir nicht gut tun noch nützlich sind für deine schönheit. Erkenne das nahrung nährt und nur gutes gutes hervorkommt. Geniesse die einfachheit beim essen und erlaube dir keine sachen, die dir nicht gut tun. dein körper ist dein tempel, nähre ihn mit schönheit, salbe ihn mit gold und lege dich auf samt nieder. Erkenne das königinnen nur königliches zu sich lassen, um das was ihr körper ist – pure schönheit – auch voll ausleben zu können. Lebe dich und deinen körper voll und ganz! Erkenne dich in mir und lerne voneinander wie du es vorher bereits gemacht hast.

Geniesse deinen körper und sie wird dich geniessen! Geniesse das was du zu dir nimmst und es wird dich geniessen.

Die liebe in dir wird durch und um die vagina geliebt. Erkenne die sinnlichkeit dahinter und lass deinen körper das ausleben, was sie möchte. Durch die sinnlichkeit in dir und um dich erkennst du auch dein wahres ich!

Lebe dich. Lebe deinen körper und geniesse die zeit hier unten. Das ist das was wir dir wünschen geliebte Schwester!

Intuitives Schreiben, März 2021

MY BIG WHY

Aus welchem Grund mache ich diese Notfallbuch-Serie für unterschiedliche Zielgruppen?

Durch meine Lebensgeschichte habe ich gemerkt, dass wir zwar viel lernen, jedoch das Gelernte selten in den Alltag integrieren können, da es zu kompliziert ist. Bei wirklichen Notfällen sind Einfachheit, Schnelligkeit und Klarheit gefordert.

Durch die von ExpertInnen und PraktikerInnen genannten Methoden und Strategien in Notsituationen, werden praxisnahe, einfache und sofort umsetzbare Werkzeuge gezeigt, die jeder durchführen kann.

MEIN BIG WHY IST EINFACH:

Aufbau einer niederschwelligen, barrierefreien Möglichkeit, ganzheitliche Gesundheit für Jeden zugänglich zu machen. Das, was ich selbst vor 20 Jahren benötigt hätte, schaffe ich heute für alle anderen.

ANMERKUNG VON DER HERAUSGEBERIN:

Jeder findet SEINEN Weg, wenn er/sie sucht! Ob gut/schlecht ist hier oft nicht die Frage!

Die Buchserie und speziell dieses Buch ist eine Inspiration eine erste Hilfestellung zur Selbsthilfe, wenn die Hemmschwelle (noch) zu groß ist, zum Arzt und/oder Therapeuten oder ähnliches zu gehen. Alle im Buch beteiligten wissen, von was ich gerade spreche!

Wir möchten DIR mit diesem Buch bzw. mit der Erste Hilfe Serie sagen, dass DU NICHT allein bist und dass DU WERTVOLL bist wie du bist!

Schau auf DICH bitte!
Du BIST wertvoll!
DU bist EINZIGARTIG!
Wie Dein Körper einzigARTig ist (ART = Kunst)
Ein Kunstwerk!

Jede/r ist schön – von inside|out!

Deutschsprachige Bücher als Co-Autorin:

Marketing tools für Morgen

Die 100.000EUR Jahresumsatz-Strategie für Gesundheitsdienstleister

<u>Alltagsbuchserie:</u>
Achtsamkeit im Alltag
Glück im Alltag
Liebe im Alltag

WALK YOUR VISION: Vom Mut den eigenen Weg zu gehen

Ganzheitsmedizin: Die Ganzheitlichkeit von Gesundheit und Heilung

Gesundheit hat Bleiberecht: Migration und Gesundheit

Books only published in English as Co-author:

Extraordinary Women

MEINE BÜCHER

Mehrsprachige Bücher:

Erste Hilfe für die Seele (www.erstehilfeseele.com) / First Aid for the soul (www.firstaidsoul.com)

Eine Bucherserie mit einfachen Resilienzmethoden für den täglichen Gebrauch.

Veröffentlicht mit vielen Expertinnen für unterschiedliche Zielgruppen

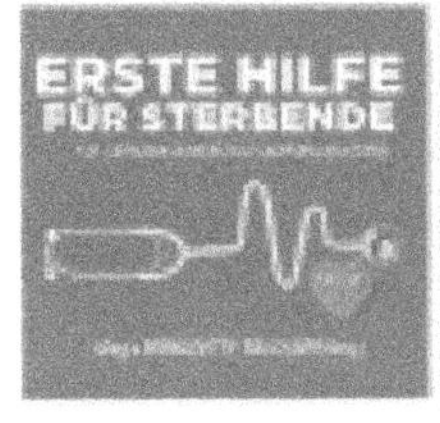

Mein Workhop für positives Körpergefühl!

Denn wahrliche Schönheit
kommt von Innen!

MEINE ERNÄHRUNGSMETHODE

www.orinition.com

Hier geht es nicht nur um Ernährung. Es ist die Rückbesinnung auf unser Geburtsrecht zu leben. Soul Food vom Feinsten über Deine Körperintelligenz.

Einfach.Effektiv.Lebensverändernd.

THE HEALTH|NUTRITION LITERACY LAB ©

Pionierforschung und Weiterentwicklung mit Orinition

“THE HEALTH|NUTRITION LITERACY LAB ©”

Hier schließen sich die besten Experten und Forscher zusammen, um neue Lösungen zu entwickeln, die die Welt, wie wir sie kennen, verändern können! Unterstützung für Selbstliebe, ein positives Körperbild, 100%ige Selbsterkenntnis und Selbstverantwortung für sich, seinen Körper und andere!

Wir sind für

Positive Body Image

Powered by Pure Green Cosmetics Austria

Pure Green Cosmetics
- Naturkosmetik mit Haut und Haar -
- Wirksam | Vegan | Natürlich

Wir bei Pure Green Cosmetics arbeiten an einer Zukunft in der ausschließlich natürliche und nachhaltig bewirtschaftete Roh- und Wirkstoffe zur Pflege und Revitalisierung unseres Körpers verwendet werden. So machen wir die moderne Kosmetik jeden Tag ein Stück pflanzlicher. Wir entwickeln, produzieren und vertreiben erstklassige Naturkosmetik, die es allen Menschen ermöglicht ihren Körper guten Gewissens optimal zu pflegen und zu regenerieren. Unsere Produkte sind deshalb ausschließlich pflanzenbasiert. Zudem lehnen wir jegliche Substanzen ab, die mit Tierversuchen in Verbindung stehen. Wir wollen die Schönheit und Gesundheit fördern und gleichzeitig der ökologischen Verantwortung unseren Nachkommen und der Umwelt gegenüber gerecht werden.

Pure Green Cosmetics strebt nach der perfekten Balance zwischen dem was uns die Natur an Wirkstoffen bietet, dem traditionellen Wissen um Pflanzen und Kräutern und den modernsten Erkenntnissen der Wissenschaft. Die ideale Dreisamkeit dieser drei Faktoren in all unseren Pflegeprodukten ist es, was uns täglich antreibt.

PLATZ FÜR EIGENE ANMERKUNGEN

Auf Dich und Deinen Körper!

www.ingramcontent.com/pod-product-compliance
Ingram Content Group UK Ltd.
Pitfield, Milton Keynes, MK11 3LW, UK
UKHW061826190726
13853UKWH00009B/2450